# LE GUIDE DES EXPERTS,

OU

TRAITÉ DES SUCCESSIONS, DES PARTAGES, SERVITUDES ET DES ÉVALUATIONS DES IMMEUBLES,

**Par A.-R. ROZIÉ,**

Expert des tribunaux, du cadastre et de péréquation foncière.

**RODEZ,**

IMPRIMERIE DE N. RATERY, RUE NEUVE.

1851.

LE

# GUIDE DES EXPERTS.

# LE GUIDE
# DES EXPERTS,

OU

TRAITÉ DES SUCCESSIONS, DES PARTAGES, SERVITUDES ET DES ÉVALUATIONS DES IMMEUBLES,

Par A.-R. ROZIÉ,

Expert des tribunaux, du cadastre et de péréquation foncière.

RODEZ,
IMPRIMERIE DE N. RATERY, RUE NEUVE.

1851.

# AVERTISSEMENT.

Les deux premières parties de cet ouvrage ne sont généralement qu'un recueil des principes législatifs qui régissent les successions, les partages et les servitudes, puisés, quelquefois textuellement, dans les lois, les arrêts et les auteurs les plus estimés, le plus souvent analysés succinctement, mais d'une manière claire et précise. Nous y avons ajouté quelques notions nouvelles, notamment dans la deuxième partie, qui traite des servitudes.

La troisième partie est presque en entier le fruit de notre grande expérience en évaluation des immeubles ; le peu de temps que nous avons eu à y consacrer ne nous a pas permis de faire des recherches et de puiser dans les auteurs qui peuvent avoir écrit sur cette matière ; nous devons dire d'ailleurs que nous n'en connaissons aucun qui s'y soit livré spécialement et que nous n'aurions pu qu'avoir recours aux ouvrages d'agriculture.

Le seul but que nous nous sommes proposé dans cet ouvrage, c'est d'être utile aux experts nos collègues, et nous avons cherché en conséquence à réunir dans le moins de volume possible les matières les plus usuelles à leurs opérations, afin de leur épargner la peine d'aller compulser les lois et les auteurs.

On s'apercevra facilement, à la simplicité de notre style, que nous n'avons d'autre prétention que d'être bien compris dans nos raisonnemens par les experts qui débutent.

C'est à ces derniers surtout que nous dédions notre ouvrage ; nous serons complètement dédommagés des longues recherches auxquelles nous avons été obligés de nous livrer, si nous avons réussi à leur être utile.

---

# INTRODUCTION.

—

On entend par Expertise le travail fait ou qui doit être fait par un ou plusieurs experts.

Le mot Expert, dans son acception générale, siguifie *versé*, *expérimenté* dans un art, une science ou une profession quelconque ; mais on entend plus particulièrement par ce mot l'*Expert arpenteur* ou l'*Expert géomètre*.

Jadis les arpenteurs formaient un corps dans l'Etat. Des Edits, des Ordonnances royales leur conféraient des droits, des attributions ; nul ne pouvait exercer ces fonctions s'il ne justifiait de la capacité requise et s'il n'obtenait une commission du grand-maître ou de l'autorité qui avait mission de l'investir.

Nous ne ferons pas ici l'historique de l'ancienne organisation des arpenteurs ; nous ne citerons pas les Edits de leur création, les Ordonnances royales qui ont modifié cette institution ; nous ne rappellerons pas les privilèges et exemptions dont les arpenteurs étaient en possession ; mais nous dirons que la Révolution, pour reconstruire la société sur de nouvelles bases, a détruit tout ce qui existait de corporation civile, judiciaire ou administrative; qu'elle a réorganisé tout ce qui était utile aux intérêts matériels et au bien-être de la société, mais que dans son immense travail elle a oublié les *experts arpenteurs*. Ce corps, dont les membres épars sont restés sans liens, ne révèle son existence que par l'impérieuse nécessité où l'on est sans cesse d'avoir recours à son action.

Des voix isolées se sont souvent élevées pour réclamer une organisation des experts-arpenteurs; différentes pétitions ont été présentées sur cet objet aux chambres législatives; ces pétitions ont été en général renvoyées au bureau des renseignemens où elles reposent en paix. Espérons que l'utilité de cette organisation sera bientôt démontrée et constatée par l'expérience, et qu'alors la sanction législative ne tardera pas à légaliser son existence.

Quoique la loi ne reconnaisse plus des experts attitrés, elle donne cependant aux juges la faculté de les nommer dans les affaires où ils ne peuvent être suffisamment éclairés sans le secours des experts. Cette nomination est même souvent ordonnée par la loi; à cet effet, les tribunaux dressent tous les ans un Tableau où sont inscrits les noms de tous les experts-arpenteurs de l'arrondissement.

Les connaissances que devraient posséder les experts pour mériter d'être inscrits sur ce Tableau sont plus importantes qu'on ne pense. Leur science ne doit pas se borner au mesurage des lignes, des surfaces: elle doit s'étendre à la connaissance des sols, à leur culture et à leurs produits; elle doit comprendre les règles législatives sur les propriétés immobilières, telles que celles du bornage, de la mitoyenneté, des servitudes et des partages.

Dans le domaine des connaissances de l'expert, il faut comprendre l'application des titres de propriété au terrain. Cette opération n'est pas la moins importante ni la plus facile; elle exige expérience, intelligence, patience et recherches laborieuses.

La géométrie des solides et les opérations du nivellement doivent lui être familières, sinon il ne pourrait faire l'évaluation d'une construction ni fixer la hauteur d'une digue pour prévenir le trop-plein d'un réservoir, d'un étang, etc.

Il doit aussi connaître la qualité et la force des matériaux employés dans les constructions rurales, et posséder la connaissance des règles applicables à ces sortes de constructions.

Très souvent les experts sont pris de gré à gré pour arbitres ou amiables compositeurs, et en cette double qualité ils s'occupent des intérêts des familles; ils mesurent les propriétés, les divisent et en fixent les limites. Ils exercent un ministère de conciliation et de confiance; leurs opérations servent de base aux contrats de vente, aux échanges et aux partages. Bien des procès sont évités par leurs soins; les tribunaux ont souvent recours à leur ministère pour éclairer des questions de localités et pour régler des points litigieux ; ils sont chargés de l'estimation des propriétés rurales de toute espèce ; ils sont les hommes de la propriété foncière. Le propriétaire et le cultivateur ne peuvent se passer d'eux, et la nécessité de leur ministère augmente avec la valeur du sol.

Notre intention n'est pas de faire un traité de toutes les connaissances que doivent posséder les experts-géomètres. Cela demanderait une capacité bien au-dessus de nos faibles moyens. Il ne manque pas d'ailleurs d'excellens ouvrages sur l'arpentage, la levée des plans, la géométrie des solides, le nivellement, etc. ; mais ce qui manque, c'est un ouvrage qui s'applique spécialement aux occupations les plus journalières de l'expert relativement aux règles législatives sur les propriétés immobilières et à leurs évaluations.

C'est à cet ouvrage que nous allons consacrer nos momens de loisir. Nous le diviserons en trois parties : la première comprendra les règles législatives sur les successions et leur partage ; la seconde comprendra celles qui sont applicables aux servitudes sur les héritages ; nous donnerons dans la troisième les bases ou les principes des évaluations.

---

LE

# GUIDE DES EXPERTS.

## Première Partie.

---

### *DES SUCCESSIONS.*

---

Les géomètres-experts étant presque toujours appelés à faire les partages des successions, soit comme arbitres, soit comme amiables-compositeurs, soit comme experts nommés d'office, il est très essentiel qu'ils connaissent la jurisprudence relative aux successions et aux partages qui va faire l'objet de cette partie. Nous la diviserons en deux chapitres : le premier pour les successions et le second pour les partages.

# CHAPITRE PREMIER.

## DES SUCCESSIONS.

### § 1er. *Des qualités requises pour succéder.*

Pour succéder, il faut nécessairement exister à l'instant de l'ouverture de la succession.

Ainsi sont incapables de succéder : 1° Celui qui n'est pas encore conçu ; — 2° L'enfant qui n'est pas né viable ; — 3° Celui qui est mort civilement. (Art. 725, *Code civil*).

On entend par *succession* ou *hérédité* les biens que laisse une personne en mourant ; et par *succéder* ou *hériter*, recueillir la succession.

Il faut donc, pour recueillir une succession ou pour être héritier, exister au moment du décès de la personne à laquelle on veut succéder, et pour cela il suffit d'être conçu à ce moment, pourvu que l'enfant naisse viable ensuite.

Sont indignes de succéder et comme tels exclus des successions : 1° Celui qui serait condamné pour avoir donné ou tenté de donner la mort au défunt ; — 2° Celui qui a porté contre le défunt une accusation capitale jugée calomnieuse ; 3° L'héritier majeur qui, instruit du meurtre du défunt, ne l'aura pas dénoncé à la justice. (*Ibid.*, 727).

Le défaut de dénonciation ne peut être opposé aux ascendans et descendans du meurtrier, ni à ses alliés au même degré, ni à son époux ou à son épouse, ni à ses frères ou sœurs, ni à ses oncles et tantes, ni à ses neveux et nièces. (*Ibid.*, 728).

Les parens dénommés dans cet article peuvent donc se dispenser de dénoncer à la justice le meurtrier du défunt sans risquer d'être exclus de sa succession.

L'héritier exclu de la succession pour cause d'indignité est tenu de rendre tous les fruits et les revenus dont il a eu la jouissance depuis l'ouverture de la succession. (*Ibid.*, 729).

Les enfans de l'indigne, venant à la succession de leur chef et sans le secours de la représentation, ne sont pas exclus par la faute de leur père; mais celui-ci ne peut, en aucun cas, réclamer sur les biens de cette succession l'usufruit que la loi accorde aux pères et mères sur les biens de leurs enfans. (*Ibid.*, 730).

L'usufruit dont il est ici question est celui qui appartient au père ou au survivant des père et mère jusqu'à l'âge de dix-huit ans de leurs enfans, d'après l'art. 384 du *Code civil.*

Il résulte de la disposition de l'article 730 ci-dessus, que les enfans de l'indigne pourraient venir de leur chef recueillir la succession, si leur père était seul héritier du défunt comme son parent le plus proche; mais qu'ils seraient exclus de cette succession si leur père indigne avait des cohéritiers à degrés égaux ou rapprochés de son degré par le bénéfice de la représentation.

## § 2. *Des diverses manières de succéder.*

Les successions sont déférées aux enfans et descendans du défunt, à ses ascendans et à ses parens collatéraux, dans l'ordre et suivant les règles ci-après déterminées. (731. *C. c.*).

A défaut d'héritiers légitimes dénommés dans l'article précédent, les biens passent aux enfans naturels, ensuite à l'époux survivant, et, s'il n'y en a pas, à l'Etat. (*Ibid.*, 723).

Tous les biens vacans et sans maîtres, et ceux des personnes qui décèdent sans héritiers ou dont les successions sont abandonnées, appartiennent au domaine public. (*Ibid.*, 539).

Toute succession échue à des ascendans ou à des collatéraux, se divise en deux parts égales : l'une pour les parens de la ligne paternelle, l'autre pour les parens de la ligne maternelle. — Les parens utérins ou consanguins ne sont pas exclus par les germains ; mais ils ne prennent part que dans leur ligne, sauf ce qui sera dit à l'art. 752. — Les germains prennent part dans les deux lignes. — Il ne se fait aucune dévolution d'une ligne à l'autre que lorsqu'il ne se trouve aucun ascendant ni collatéral de l'une des deux lignes. (*Ibid.*, 733).

Il résulte de la disposition de cet article que dans une succession échue à des ascendans ou à des collatéraux, la moitié de tous les biens indistinctement appartient aux parens de la ligne paternelle et l'autre partie aux parens de la ligne maternelle, c'est-à-dire que tous les biens doivent être confondus dans la succession et partagés en deux parts égales entre les deux lignes.

Tous les parens du défunt du côté de son père composent la ligne paternelle, et tous les parens du côté de sa mère composent la ligne maternelle. Ainsi, les bisaïeuls et les bisaïeules, les aïeuls et les aïeules dont est issu le père du défunt sont de la ligne paternelle, les aïeuls et les aïeules, etc., dont est issue la mère du defunt sont tous de la ligne maternelle; l'oncle et la tante maternels du père du défunt sont de la ligne paternelle, etc...

La succession étant divisée en deux parties égales entre la ligne paternelle et maternelle, il ne se fait plus de division entre les diverses branches; mais la moitié dévolue à chaque ligne appartient à l'héritier ou aux héritiers les plus proches en degrés, sauf le cas de la représentation, ainsi qu'il sera dit ci-après. (*Ibid.*, 734).

La proximité de parenté s'établit par le nombre de générations; chaque génération s'appelle un degré. (*Ibid.*, 735).

La suite des degrés forme la ligne. On appelle *ligne directe* la suite des degrés entre personnes qui descendent l'une de l'autre; *ligne collatérale* la suite des degrés entre personnes qui ne descendent pas les unes des autres, mais qui descendent d'un auteur commun.

On distingue la *ligne directe* en *ligne directe descendante* et *ligne directe ascendante.* — La première est celle qui lie le chef avec ceux qui descendent de lui; la deuxième est celle qui lie une personne avec ceux dont elle descend. (*Ibid.*, 736).

Ainsi la ligne directe comprend tous les ascendans et leurs descendans; et la ligne collatérale comprend les frères et sœurs, oncles et neveux, cousins et petits cousins, etc., parce qu'ils sont liés avec ceux dont ils descendent.

En ligne directe on compte autant de degrès qu'il y a de générations entre les personnes : ainsi le fils est à l'égard du père au premier degré, le petit-fils au second, et réciproquement du père et de l'aïeul à l'égard des fils et petits-fils.

En ligne collatérale les degrés se comptent par les générations, depuis l'un des parens jusques et non compris l'auteur commun, et depuis celui-ci jusqu'à l'autre parent : ainsi deux frères sont au deuxième degré, l'oncle et le neveu sont au troisième degré, les cousins germains au quatrième, ainsi de suite. (Art. 737 et 738. *C. c.*).

## § 3. *De la représentation.*

La représentation est une fiction de la loi, dont l'effet est de faire entrer les représentans dans la place, dans le degré et dans les droits du représenté. (Art. 739 du *Code civil*).

La représentation a lieu à l'infini dans la ligne directe descendante. — Elle est admise dans tous les cas, soit que les enfans du défunt concourent avec les descendans d'un enfant prédécédé, soit que tous les enfans du défunt étant morts avant lui, les descendans desdits enfans se trouvent entre eux à des degrés égaux ou inégaux. (*Ibid.*, 740).

La représentation n'a pas lieu en faveur des ascendans : le plus proche, dans chacune des deux lignes, exclut toujours le plus éloigné. (*Ibid.*, 741).

Il est évident, d'après les dispositions des deux articles précédens, que l'on ne représente que pour remonter à une succession et jamais pour y descendre. Ainsi, parmi les ascendans, le plus proche devant exclure toujours le plus éloigné, le père exclut l'aïeul dans la succession de son fils, l'aïeul exclut le bisaïeul dans la succession du petit-fils ; le cousin germain de celui-ci ne se trouvant qu'au quatrième degré, est exclu par le bisaïeul, qui n'est qu'au troisième, la représentation n'étant pas admise dans ce cas. Mais l'exclusion n'est admise entre ascendant que dans la même ligne. Dans une ligne, le parent le plus proche n'exclut pas le parent le plus éloigné dans l'autre ligne : ainsi le père n'exclut pas l'aïeul maternel, etc.

En ligne collatérale, la représentation est admise en faveur des enfans et des descendans de frères ou sœurs du défunt, soit qu'ils viennent à sa succession concurremment avec des oncles ou tantes, soit que tous les frères et sœurs du défunt étant prédécédés, la succession se trouve dévolue à leurs descendans en degrés égaux ou inégaux. (*Ibid.*, 742).

Pour vérifier si un parent qui se présente pour recueillir une succession collatérale peut y être admis par le bénéfice de la représentation, il suffit de voir s'il est enfant ou descendant d'un frère ou d'une sœur du défunt. Ce n'est que dans ce cas qu'il a le droit de représenter, sauf les exceptions portées dans les articles 730 et 744 du Code civil. Ainsi le frère du défunt n'exclut pas les descendans d'un autre frère prédécédé, quoiqu'ils se trouvent personnellement à des degrés plus éloignés ; lors même que tous les frères ou sœurs du défunt seraient décédés avant lui, tous leurs descendans, même à des degrés inégaux, seraient admis au bénéfice de la représentation.

Il n'en était pas de même dans le droit romain ; il bornait le bénéfice de la représentation aux neveux du défunt ; les petits-neveux étaient exclus par ceux-ci ainsi que par les frères et sœurs du défunt.

Dans tous les cas où la représentation est admise, le partage s'opère par souche. Si une même souche a produit plusieurs branches, la subdivision se fait aussi par souche dans chaque branche, et les membres de la même souche partagent entre eux par têtes. (*Ibid.*, 743).

La souche se subdivise en branches qui forment chacune d'autres souches, lesquelles peuvent se diviser en d'autres branches s'il y a des descendans.

On ne représente pas les personnes vivantes, mais seulement celles qui sont mortes naturellement ou civilement. — On peut représenter celui à la succession duquel on a renoncé. (*Ibid.*, 744).

Puisqu'on ne représente pas les personnes vivantes, on ne peut représenter dans une succession une personne qui a renoncé, même gratuitement, à cette succession; mais celui qui ne peut représenter un héritier qui a renoncé peut venir de son chef à la succession, si après le renonçant il se trouve le parent le plus proche du défunt, ou s'il n'a pas d'autre parent plus proche que lui. C'est ce qui résulte des dispositions des articles 786 et 787 du Code civil.

Quoiqu'on ne puisse pas représenter celui qui a renoncé, on peut cependant représenter celui à la succession duquel on a renoncé, s'il était mort avant l'ouverture de la succession dans laquelle on veut le représenter. Ainsi le fils qui a renoncé à la succession de son père a droit cependant de le représenter dans la succession de son aïeul décédé postérieurement. (Conséquence du second paragraphe de l'art. 744 du Code civil).

Il en résulte que le représentant n'est pas tenu des faits ni chargé du paiement des dettes de la personne qu'il représente, s'il a renoncé à sa succession, puisque, en ce cas, il ne tient rien du représenté; qui lui-même n'avait rien dans la succession où il est représenté, puisqu'il était mort avant qu'elle fût ouverte; mais le représentant est obligé de rapporter tout ce que le représenté aurait dû rapporter lui-même à la succession à partager, puisqu'il n'a droit de prendre que la part qui aurait appartenu au représenté; ce rapport est prescrit en termes formels dans l'article 848 du Code civil.

## § 4. *Des successions déférées aux descendans.*

Les enfans ou leurs descendans succèdent à leurs père, mère, aïeuls, aïeules ou autres ascendans, sans distinction de sexe ni de primogéniture, et encore qu'ils soient issus de différens mariages. — Ils succèdent par égales portions et par tête, quand ils sont tous au premier degré et appelés de leur chef; ils succèdent par souche lorsqu'ils viennent tous ou en partie par représentation. (Art. 745 du *Code civil*).

Ainsi le frère du défunt sera exclu de la succession par l'arrière-petit-fils, lors même que le fils du défunt serait prédécédé et que le petit-fils aurait renoncé à la succession de son aïeul. Les descendans n'ont pas besoin de la représentation pour exclure les collatéraux et les ascendans de la succession du défunt.

Les enfans nés hors mariage et légitimés par le mariage subséquent ont les mêmes droits que les enfans nés de ce mariage. (*Ibid.*, 333).

L'adopté jouit aussi, dans la succession de l'adoptant seulement, des mêmes droits que l'enfant légitime, mais il ne peut le représenter. C'est ce qui résulte de la disposition de l'article 350 du Code civil.

### § 5. *Des successions déférées aux ascendans.*

Si le défunt n'a laissé ni postérité, ni frère, ni sœur, ni descendans d'eux, la succession se divise par moitié entre les ascendans de la ligne paternelle et les ascendans de la ligne maternelle. — L'ascendant qui se trouve au degré le plus proche recueille la moitié affectée à sa ligne à l'exclusion de tous autres. — Les ascendans au même degré succèdent par tête. (Art. 746. *C. c.*).

Outre la moitié qui est attribuée au père ou à la mère du défunt dans le partage avec des collatéraux autres que des frères ou sœurs, la loi leur accorde l'usufruit du tiers de l'autre moitié. C'est la disposition de l'article 754 du Code civil.

Les ascendans succèdent, à l'exclusion de tous autres, aux choses par eux données à leurs enfans ou descendans décédés sans postérité, lorsque les objets donnés se retrouvent en nature dans la succession. — Si les objets ont été aliénés, les ascendans recueillent le prix qui peut en être dû. Ils succèdent aussi à l'action en reprise que pouvait avoir le donataire. (*Ibid.*, 747).

Il résulte de la disposition de cet article que les ascendans sont héritiers des choses par eux données à leurs enfans et sont en conséquence tenus de l'acquittement des dettes de cette succession, comme les héritiers des autres biens, dans la proportion de ce qu'ils prennent dans la succession, suivant la règle établie par l'article 870 du même Code.

Lorsque les père et mère d'une personne morte sans postérité lui ont survécu, si elle a laissé des frères, sœurs ou des descendans d'eux, la succession se divise en deux portions égales, dont moitié seulement est déférée au père et à la mère, qui la partagent entre eux également — L'autre moitié appartient aux frères, sœurs ou descendans d'eux. (*Ibid.*, 748).

Dans le cas où la personne morte sans postérité laisse des frères, sœurs ou des descendans d'eux, si le père ou la mère est prédécédée, la portion qui lui aurait été dévolue, conformément au précédent article, se réunit à la moitié déférée aux frères, sœurs ou à leurs représentans. (*Ibid.*, 749).

D'après la disposition des deux articles précédens, il est clair que le père ou la mère d'un enfant décédé sans postérité, laissant des frères ou sœurs, ne peut, dans aucun cas, hériter que d'un quart de la succession de son fils, à moins que celui-ci n'ait disposé de plus forte quote en sa faveur.

Sous l'ancienne loi, lorsque le défunt décédé sans postérité avait laissé ses père ou mère et des frères et sœurs, sa succession se partageait par tête entre ses père, mère, frères et sœurs. Chacun prenait une portion égale dans la succession. En cas de prédécès des père et mère, les ascendans les plus proches étaient appelés à concourir avec les frères du défunt ou avec leurs enfans.

## § 6. *Des successions collatérales.*

En cas de prédécès des père et mère d'une personne

morte sans postérité, ses frères, sœurs ou leurs descendans sont appelés à la succession à l'exclusion des ascendans et des autres collatéraux. — Ils succèdent ou de leur chef ou par représentation. (Art. 750. *C. c.*).

Cette disposition à l'égard des frères et sœurs, d'une manière générale et sans exception, doit s'appliquer indistinctement aux frères et sœurs germains et aux frères et sœurs utérins ou consanguins.

Si les père et mère de la personne morte sans postérité lui ont survécu, ses frères, sœurs ou leurs représentans ne sont appelés qu'à la moitié de la succession. — Si le père ou la mère seulement a survécu, ils sont appelés à recueillir les trois quarts. (*Ibid.*, 751).

La disposition de cet article renferme, en termes plus succincts, le même sens que la disposition des deux articles 748 et 749 du Code civil que nous avons rapportés dans le paragraphe précédent.

Le partage de la moitié ou des trois quarts dévolus aux frères et sœurs, aux termes de l'article précédent, s'opère entre eux par égales portions s'ils sont tous du même lit; s'ils sont de lits différens, la division se fait par moitié entre les deux lignes paternelle et maternelle du défunt; les germains prennent part dans les deux lignes et les utérins ou consanguins, chacun dans leur ligne seulement. S'il n'y a de frères ou sœurs que d'un côté, ils succèdent à la totalité à l'exclusion des parens de l'autre ligne. (*Ibid.*, 752).

Pour bien éclaircir le sens de cet article, supposons que le défunt ait laissé trois frères : l'un germain, l'autre utérin et le troisième consanguin, et que la succession soit de 12,000 fr. : la moitié pour chaque ligne sera 600 fr. Le frère germain prendra part dans chaque ligne, et les deux autres dans leur ligne seulement, de telle sorte que le frère consanguin partageant seul avec le frère germain, n'aura que 3,000 fr.; le frère utérin partageant aussi seul avec le frère germain dans l'autre ligne, n'aura également que 3,000 fr., tandis que le frère germain, prenant sa part dans les deux lignes, aura à lui seul 6,000 fr.

Si dans la même hypothèse il y avait un frère utérin ou consanguin de plus, les deux frères qui seraient d'un seul côté n'auraient chacun que 2,000 fr.; celui qui serait seul de l'autre côté aurait comme précédemment 3,000 fr., et le frère germain prendrait dans une ligne 2,000 fr., et dans l'autre ligne 3,000 fr., en tout 5,000 fr.; mais si le frère germain n'avait pour cohéritier qu'un frère utérin ou consanguin, celui-ci ne prendrait que dans une ligne et n'aurait que le quart de la succession ou 3,000 fr., tandis que le frère germain prendrait à lui seul 9,000 fr.

A défaut des frères ou sœurs ou de descendans d'eux et à défaut d'ascendans dans l'une ou l'autre ligne, la succession est déferée par moitié aux ascendans survivans, et pour l'autre moitié aux parens les plus proches de l'autre ligne. — S'il y a concours de parens collatéraux au même degré, ils partagent par tête. (Art. 755. *C. c.*).

En conséquence, si le défunt n'avait laissé pour recueillir la succession que son père et deux oncles maternels, la moitié serait déférée au père et l'autre moitié par portions égales à chacun de ses oncles maternels; mais le père conserverait l'usufruit du tiers de la moitié afférent aux deux autres, en vertu de l'article 754 du Code civil, comme nous l'avons déjà dit plus haut au cinquième paragraphe.

Les parens au douzième degré ne sucèdent pas. — A défaut de parens au degré successible dans une ligne, les parens de l'autre ligne succèdent pour le tout (*Ibid*. 755).

## § 7. *Des successions irrégulières.*

Les enfans naturels ne sont point héritiers; la loi ne leur accorde de droits sur les biens de leur père ou mère décédés que lorsqu'ils ont été légalement reconnus. Elle ne leur accorde aucun droit sur les biens des parens de leur père ou mère. (Art. 756. *C. c.*).

La reconnaissance doit être faite par acte authentique, lorsqu'elle ne l'aura pas été dans son acte de naissance. (*Ibid.*, 334).

Cette reconnaissance ne pourra avoir lieu au profit des enfans nés d'un commerce incestueux ou adultérin. (*Ibid.*, 326).

L'enfant naturel reconnu ne pourra réclamer les droits d'enfant légitime. (*Ibid.*, 338).

Pour réclamer ces droits, il faudrait qu'il eût été légitimé par mariage subséquent. (*Ibid.*, 333).

Comme on le voit, d'après les deux articles qui précèdent, il y a une différence bien grande entre l'enfant naturel légitimé et l'enfant naturel simplement reconnu.

Le droit de l'enfant naturel sur les biens de ses père ou mère décédés, est réglé ainsi qu'il suit :

Si le père ou la mère a laissé des descendans légitimes, ce droit est d'un tiers de la portion héréditaire que l'enfant naturel aurait eu s'il eût été légitime; il est de la moitié lorsque les père ou mère ne laissent pas de descendans, mais bien des ascendans ou des frères ou sœurs; il est des trois quarts lorsque les père ou mère ne laissent ni descendans ni ascendans, ni frères ni sœurs. (*Ibid.*, 757).

L'*enfant naturel a droit à la totalité des* biens, lorsque ses père ou mère ne laissent pas de parens au degré successible. (*Ibid.*, 758).

En cas de prédécès de l'enfant naturel, ses enfans ou descendans *peuvent réclamer les droits fixés* par les articles précédens. (*Ibid.*, 759).

*La disposition des articles du Code civil qui régissent* les droits des enfans naturels dans la succession de leur père ou mère n'a pas été interprétée de la même manière par les divers auteurs juristes.

D'après M. Chabot (de l'Allier), les droits des enfans naturels ne pourraient être pris que sur la quotité disponible, et par suite si le père ou la mère ont disposé de cette quotité, soit en faveur d'un héritier légitime, soit en faveur de toute autre personne, l'enfant naturel n'aurait rien à réclamer.

M. Grenier, dans son *Traité des Donations*, émet une opinion tout-à-fait contraire et l'appuie par des raisonnemens qui, selon nous, sont sans réplique. Cet auteur, après avoir démontré que les enfans naturels, nés de personnes libres, ne sauraient être légalement privés de leurs droits, pour déterminer comment le droit de réserve de l'enfant naturel doit être réglé, s'exprime ainsi :

« L'article 757 doit évidemment servir de base, et cependant il faut encore quelque attention pour rencontrer une proportion exacte, telle qu'on doit la rencontrer dans le vœu de la loi.

» *Cet article* 757 a voulu que le droit de l'enfant naturel, abstraction faite de toutes dispositions, fût une quotité de la part qu'il aurait eue s'il eût été enfant légitime. Dès-lors, en suivant l'analogie des idées, la

» réserve de l'enfant naturel, dans le cas de disposition, » doit être aussi une quotité de la part à laquelle il aurait » été réduit s'il eût été légitime, en observant la même » proportion qu'il y a entre la portion attribuée à l'enfant » naturel, n'y ayant point de disposition, et celle qu'il » aurait eue dans le même cas s'il eût été légitime.

» Venons aux exemples. Je commence par les cas où » il y aurait des collatéraux seulement.

» Supposons que le défunt ait laissé 48,000 fr. de biens, » un enfant naturel, un cousin paternel ou maternel et un » légataire universel. Qu'aurait eu l'enfant naturel s'il eût » été légitime et y ayant un legs universel? Il aurait été « réduit à 24,000 fr., moitié des biens. Or, en suivant » la proportion établie par l'article 757, qui veut que dans » cette hypothèse le droit d'enfant naturel soit les trois » quarts du droit d'enfant légitime, la réserve de l'enfant » naturel, en conséquence de la disposition, sera de » 18,000 fr., faisant les trois quarts de la réserve de l'en- » fant légitime. Les 30,000 fr. restant appartiendront au » légataire universel.

» Par la même raison, si, dans l'hypothèse ci-dessus, » au lieu d'un seul enfant naturel il y en avait quatre, » la réserve de ces enfans étant des trois quarts s'ils eus- » sent été légitimes, c'est-à-dire de 36,000 fr., leur ré- » serve, parce qu'ils sont naturels, sera seulement des trois » quarts de ces trois quarts, c'est-à-dire de 27,000 fr. » Le restant appartiendra, comme dans l'hypothèse ci- » dessus, au légataire universel; lui seul peut profiter, » soit de la diminution de la réserve des enfans naturels, » comparativement au droit qu'ils auraient eu s'ils eus- » sent été légitimes, n'y ayant pas de disposition, soit » de la part héréditaire qui serait revenue aux collatéraux, » puisqu'ils n'ont pas droit de réserve.

» Supposons actuellement que le défunt eût laissé des

» frères ou sœurs, un enfant naturel et un légataire uni-
» versel avec la même valeur de 48,000 fr. de biens;
» l'article 757 fixant le droit de l'enfant naturel à la moitié
» de ce qu'il aurait eu s'il eût été enfant légitime et ayant
» dû avoir 24,000 fr. Dans le cas où il eût été enfant
» légitime, son droit, dans l'hypothèse, est de 12,000 fr.
» Le légataire universel aura toujours le droit de conserver
» le surplus. »

M. Grenier, après avoir démontré ensuite qu'il n'y aurait rien à changer aux exemples qui précèdent, quand au lieu de frères ou de sœurs de défunt il y aurait des enfans de ces frères ou sœurs, examine quel serait le droit de l'enfant naturel dans le cas où le défunt aurait laissé des ascendans, et il est conduit à décider que les ascendans et le légataire universel doivent tous se ressentir, dans une égale proportion, de l'effet de l'existence des enfans naturels.

« Cette proportion, dit-il, sera exactement observée,
» en considérant ce qui devra revenir à l'enfant naturel
» comme une charge de tous les biens, en faisant porter
» la réserve des ascendans sur le restant des biens, dis-
» traction faite du droit qui sera revenu à l'enfant naturel
» et en laissant le surplus au légataire universel.

» Cela ne peut bien s'entendre qu'en posant des exem-
» ples :

» Supposons que le défunt ait laissé ses père et mère,
» un enfant naturel; que la fortune soit de 24,000 fr.,
» et qu'il ait fait un légataire universel. La réserve de
» l'enfant aurait été de 12,000 fr. s'il eût été légitime.
» Dans l'hypothèse en question, le droit d'enfant naturel
» est réduit, d'après l'article 757, à la moitié du droit
» d'enfant légitime; la réserve de l'enfant naturel est
» dès-lors de 6,000 fr.; la succession restera donc pour
» 18,000 fr. Sur ces 18,000 fr., les père et mère pren-

» dront leur réserve, qui est d'un quart pour chacun » d'eux d'après l'article 915, ce qui fait pour chacun » 4,500 fr., et 9,000 fr. au total. Après le prélèvement de » toutes ces réserves, il restera 9,000 fr. qui formeront » la portion disponible revenant au légataire.

» Si, dans la même hypothèse, il y avait deux enfans » naturels au lieu d'un, leur réserve proportionnelle, » d'après le mode indiqué, serait de 8,000 fr. au total; la » réserve des père et mère sur les 16,000 fr. restant se- » rait de 8,000 fr.; le surplus, faisant 8,000 fr. forme- » rait la portion disponible.

» Si, à défaut des père et mère ou de l'un d'eux, il y » avait des ascendans à des degrés supérieurs qui eus- » sent un droit de réserve, ce qui arriverait si le défunt » n'avait point laissé des frères ou sœurs ou des des- » cendans d'eux, il faudrait dans ce cas suivre la même » marche qu'à l'égard des père et mère. Il y a parité de » motifs. »

M. Grenier examine ensuite le cas où il y aurait concours de l'enfant naturel avec des enfans légitimes; il combat l'opinion de quelques jurisconsultes qui sont d'avis que d'abord, pour fixer les droits de l'enfant naturel, il doit être compté comme s'il était enfant légitime, et que la portion disponible doit être fixée en conséquence; qu'ensuite l'excédant de la réserve de l'enfant naturel doit être attribuée aux enfans légitimes, à l'exclusion du légataire universel. Cet auteur pose divers exemples pour démontrer que cette opinion est inadmissible, et après en avoir fait ressortir tous les inconvéniens, il continue ainsi :

» Pour concilier tous les droits dans ce que je crois être » l'esprit de la loi, on doit d'abord, pour fixer la réserve » proportionnelle de l'enfant naturel, le mettre fictive- » ment au nombre des enfans légitimes, puisque, sui-

» vant la loi, le droit d'enfant naturel est une quotité du » droit d'enfant légitime. Mais ensuite, comme dans le » cas du concours d'un enfant naturel avec les ascendans » du défunt, il me semble qu'on doit considérer la ré- » serve de l'enfant naturel comme une charge sur les » biens, et opérer sur le restant des biens, distraction » faite de la réserve, dans le sens de la seule existence » des enfans légitimes. »

L'enfant naturel ou ses descendans sont tenus d'imputer sur ce qu'ils ont droit de prétendre, tout ce qu'ils ont reçu du père ou de la mère dont la succession est ouverte et qui serait sujette à rapport. (Art. 760. *C. c.*).

Toute réclamation est interdite aux enfans naturels lorsqu'ils ont reçu du vivant de leur père ou de leur mère la moitié de ce qui leur est attribué par les articles précédemment rapportés, avec déclaration expressé de la part de leur père ou mère, que leur intention est de réduire l'enfant naturel à la portion qu'ils lui ont assignée.

Dans le cas où cette portion serait inférieure à la moitié de ce qui devrait revenir à l'enfant naturel, il ne pourra réclamer que le supplément nécessaire pour parfaire cette moitié. (*Ibid.*, 761).

La succession de l'enfant naturel décédé sans postérité est dévolue au père ou à la mère qui l'a reconnu, ou par moitié à tous les deux s'il a été reconnu par l'un ou par l'autre. (*Ibid.*, 765).

En cas de prédécès des père et mère de l'enfant naturel, les biens qu'il en avait reçus passent aux frères ou sœurs légitimes, s'ils se retrouvent en nature dans la succession; les actions en reprise ou le prix de ces biens aliénés, s'il est encore dû, retournent également aux frères et sœurs légitimes. Tous les autres biens passent aux frères et sœurs naturels ou à leurs descendans. (*Ibid.*, 766).

Lorsque le défunt ne laisse ni parens au degré successible, ni enfans naturels, les biens de la succession appartiennent au conjoint qui lui survit. (*Ibid.*, 767).

A défaut de conjoint survivant, la succession est acquise à l'Etat. (*Ibid.*, 768).

### § 8. *De la renonciation aux successions.*

La renonciation à une succession ne se présume pas; elle ne peut être faite qu'au greffe du tribunal de première instance dans l'arrondissement duquel la succession s'est ouverte, sur un registre particulier tenu à cet effet. (Article 784. *C. c.*).

Il résulte de la combinaison des articles 217, 219, 461, 509, 776 et 734, que les femmes mariées ne peuvent ni répudier, ni accepter une succession sans l'autorisation de leur mari ou de la justice; que les interdits et les mineurs, même émancipés, doivent être autorisés pour la renonciation comme pour l'acceptation par leurs tuteur ou curateur, et par leur conseil de famille, par la raison que la renonciation produit les mêmes effets qu'une aliénation, et que les femmes, sans l'autorisation de leur mari ou de la justice, ni les interdits et les mineurs sans l'autorisation du conseil de famille, ne peuvent faire aucun acte d'aliénation.

L'héritier qui renonce est censé n'avoir jamais été héritier. (*Ibid.*, 785).

Conséquemment, l'héritier qui a renoncé n'a pas le droit de réclamer le revenu de ce qu'il aurait pu prétendre dans la succession jusqu'au moment de sa renonciation, étant censé n'avoir jamais été héritier. Il ne peut rien prendre dans l'hérédité, comme il n'est tenu d'aucune charge. L'effet de la renonciation, comme celui de l'acceptation, doit remonter au jour de l'ouverture de la succession.

La part du renonçant accroît à ses cohéritiers ; s'il est seul, elle est dévolue au degré subséquent. (*Ibid.*, 786).

En conséquence, si trois enfans succèdent à leur père et que l'un d'eux répudie, sa succession ne devra se partager qu'en deux portions égales ; si le renonçant n'a pas de cohéritiers, c'est-à-dire d'autres personnes qui de leur chef ou par représentation soient au même degré que lui pour succéder, alors sa portion est dévolue aux parens du degré subséquent ; mais il faut bien faire attention que cette portion n'accroît à ses cohéritiers que dans sa propre ligne.

Les cohéritiers du renonçant ne peuvent refuser la part que celui-ci délaisse pour s'en tenir aux portions qui leur sont personnellement échues. Il suffit qu'ils aient accepté la succession pour qu'ils soient tenus de la prendre toute entière. L'acceptation étant indivisible, puisque les articles du Code relatifs à l'acceptation des successions ne parlent que d'une acceptation générale et n'autorisent pas d'acceptation particulière, lorsque c'est un légataire qui répudie, la disposition devient caduque. Elle accroît à ses colégataires si le legs a été fait à plusieurs conjointement. (*Ibid.*, 1043 et 1044).

On ne vient jamais par représentation d'un héritier qui a renoncé : si le renonçant est le seul héritier de son degré, ou si tous ses cohéritiers renoncent, les enfans viennent de leur chef et succèdent par tête. (*Ibid.*, 787).

Il résulte de la disposition de cet article que si tous les cohéritiers renoncent, leurs enfans succèdent par tête et non par souche, à quelque degré qu'ils se trouvent, soit en ligne directe, soit en ligne collatérale. D'ailleurs, d'après l'article 743, il n'y a lieu au partage par souche que dans le cas où la représentation est admise.

La faculté d'accepter ou de répudier une succession se prescrit par le laps de temps requis pour la prescription la plus longue des droits immobiliers. (*Ibid.*, 789).

La prescription la plus longue est celle prévue par l'article 2262 du Code civil, d'après lequel toutes les actions se prescrivent par trente ans.

L'héritier présomptif jouit donc pendant trente ans de la faculté d'accepter ou de répudier la succession à compter du jour de son ouverture; mais il peut être contraint d'accepter ou de répudier après l'expiration des délais accordés par l'article 795 du Code civil, pour faire inventaire ou pour délibérer. Ces délais sont de trois mois pour faire inventaire, et de quarante jours pour délibérer; les quarante jours ne commencent à courir qu'après les trois mois.

Sous quelque titre que ce soit, ni par renonciation, ni par cession, ni à titre de forfait, il n'est pas permis d'aliéner ni la totalité, ni même une portion de ses droits éventuels dans une succession non ouverte. C'est ce qui résulte bien clairement des dispositions des articles 791, 1130 et 1600 du Code civil.

Ainsi toutes conventions, tous traités sur une succession non ouverte sont nuls.

Les héritiers qui auraient diverti ou recelé des effets d'une succession sont déchus de la faculté d'y renoncer; ils demeurent héritiers purs et simples, nonobstant leur renonciation, sans pouvoir prétendre aucune part dans les objets divertis ou recelés. (*Ibid.*, 772).

Ils sont aussi privés du bénéfice d'inventaire. (*Ibid.*, 801).

Ainsi celui qui a diverti ou recelé des effets d'une succession, perd tous ces droits à ces mêmes effets ; il peut même être puni comme coupable de vol, si les soustractions ont été faites au préjudice de collatéraux, suivant l'article 380 du Code pénal.

---

# CHAPITRE II.

## DES PARTAGES.

### § 1er *De l'action en partage.*

Nul ne peut être contraint à demeurer dans l'indivision; et le partage peut toujours être provoqué nonobstant prohibition et conventions contraires. — On peut cependant convenir de suspendre le partage pendant un temps limité: cette convention ne peut être obligatoire au-delà de cinq ans; mais elle peut être renouvelée. (Art. 815. C. c.).

Le partage peut être demandé, même quand l'un des cohéritiers aurait joui séparément de partie des biens de la succession, s'il n'y a eu un acte de partage ou possession suffisante pour acquérir la prescription. (*Ibid.*, 816).

Le temps nécessaire pour cette prescription est de trente ans; mais l'action en partage entre cohéritiers qui ont joui indivisément est imprescriptible, puisque, suivant l'article 815 précité, le partage peut être toujours provoqué.

L'action en partage à l'égard des cohéritiers mineurs ou interdits, peut être exercée par leurs tuteurs, spécialement autorisés par un conseil de famille. — A l'égard des cohéritiers absens, l'action appartient aux parens envoyés en possession. (*Ibid.*, 817).

Le mari peut, sans le secours de la femme, provoquer le partage des objets meubles ou immeubles à elle échus qui tombent dans la communauté : à l'égard des objets qui ne tombent pas en communauté, le mari ne peut en provoquer le partage sans le concours de sa femme ; il peut seulement, s'il a le droit de jouir de ses biens, demander un partage provisionnel. — Le cohéritier de la femme ne peut provoquer le partage définitif qu'en mettant en cause le mari et la femme. (*Ibid.*, 818).

Le partage d'une succession pouvant être considéré comme une aliénation ou acquisition, il résulte de la disposition de l'article 217 du Code civil que la femme, même non commune ou séparée de biens, ne peut procéder au partage d'une succession qui lui est échue sans le consentement du mari dans l'acte ou son consentement par écrit.

Si tous les cohéritiers sont présens et majeurs, le partage peut être fait dans la forme et par tel acte que les parties intéressées jugent convenable. (*Ibid.*, 819).

Mais alors il faut que toutes les parties soient d'accord. C'est ce qui est confirmé par l'article 985 du Code de procédure.

L'action en partage et les contestations qui s'élèvent dans le cours des opérations sont soumis au tribunal du lieu de l'ouverture de la succession. (*Art.*, 822. *C. c.*).

Le lieu de l'ouverture de la succession, en quelque endroit que le défunt ait terminé sa carrière, est celui où il avait son domicile, conformément aux dispositions du titre III du livre 1er du Code civil.

## § 2. *Des rapports à la succession*

Tout héritier, même bénéficiaire, venant à une succession, doit rapporter à ses cohéritiers tout ce qu'il a reçu du défunt, par donation entre-vifs, directement ou indirectement ; il ne peut retenir les dons ni réclamer les legs à lui faits par le defunt, à moins que les dons et legs ne lui aient été faits expressément par préciput et hors part, ou avec dispense de rapport. (Art. 843. *C. c.* ).

Rapporter, c'est remettre dans l'hérédité une chose qui était sortie des mains de l'auteur de la succession.

Le législateur a voulu que tous les avantages quelconques faits à un héritier par quelque acte et de quelle manière que ce puisse être, fussent sujets à rapport; c'est ce qu'on doit entendre par ces mots *directement* ou *indirectement*. Pour que le rapport n'ait pas lieu, il en faut une dispense expresse dans l'acte de donation, ou il faut que le don soit fait à titre de *préciput*.

Le véritable sens de l'article 843 que nous venons de rapporter a été traité et développé par M. Chabot (de l'Allier), dans ses *Commentaires sur les Successions*, et par M. Grenier, dans son *Traité des Donations*. Nous y renvoyons le lecteur; il y trouvera des développemens si judicieux qu'ils ne laissent rien à désirer. Nous nous contenterons d'en rapporter ici quelques fragmens.

Voici un passage de M. Chabot, qui trouvera plus d'une fois son application dans les arbitrages où l'on aura à statuer sur les libéralités déguisées.

« .... Il est très important de veiller à ce que, dans

» aucun cas, les descendans et les ascendans ne soient
» privés de la légitime ou réserve que la législation, d'ac-
» cord avec la nature, a voulu leur assurer. Une juste
» mesure a été fixée pour la disposition des biens en ligne
» directe. S'il était permis de l'outrepasser par des moyens
» quelconques, on verrait bientôt se renouveler à cet
» égard les anciens abus ; bientôt les aînés ou les enfans
» chéris auraient la presque totalité des successions, et
» tous les autres seraient encore réduits aux dots les plus
» modiques.

» La donation déguisée étant une véritable fraude dans
» les cas où la loi défend de donner, il suffit de l'établir
» par les circonstances, sans qu'il soit besoin d'en trouver
» la preuve dans l'acte même qui contient la donation ;
» c'était ainsi qu'on le jugeait constamment dans le droit
» écrit et dans toutes les coutumes qui avaient prohibé les
» avantages indirects ; et en effet, comme on a le plus
» grand intérêt à déguiser la fraude dans l'acte où elle se
» pratique, il serait le plus souvent impossible de la dé-
» couvrir, s'il n'était pas permis de l'établir par les cir-
» constances qui sont propres à dévoiler la véritable in-
» tention des parties.

» Mais il faut que ces circonstances soient assez fortes
» pour donner au juge la conviction intime qu'il y a réel-
» lement une donation déguisée.

» Il ne suffirait donc pas d'alléguer qu'une obligation
» consentie, ou une quittance donnée par un père à son
» fils contînt un avantage indirect. La présomption qui
» peut s'élever à cet égard doit être encore fortifiée par
» des circonstances graves, précises et concordantes.

» La loi ne peut pas défendre au fils de faire un prêt à
» son père pour l'aider dans ses entreprises ou dans ses
» besoins ; elle doit donc permettre au père de reconnaître

» la dette par un acte authentique ou privé pour en as-
» surer la restitution. Elle ne peut défendre au père de
» vendre à son fils comme à un étranger le bien qu'il ne
» veut ou ne peut plus garder. Pourquoi le priverait-elle
» de la consolation de faire passer à son enfant l'héri-
» tage de ses ancêtres, dont il est forcé de se dépouiller ?
» Elle doit donc lui permettre de donner à son fils la quit-
» tance du prix de la vente.

» Sans doute il est possible que le père consente une
» obligation ou une quittance à son fils sans avoir rien
» reçu.

» Mais le Code civil ayant permis aux pères et mères
» de disposer par préciput en faveur de l'un ou de plu-
» sieurs de leurs enfans, d'une portion considérable de
» leurs biens, on doit croire qu'il s'en trouvera peu qui
» violeront les droits de la nature et pousseront l'injustice
» jusqu'au point d'entamer encore la légitime de leurs
» autres enfans. Il n'y a plus aujourd'hui les mêmes
» motifs qu'autrefois pour faire des aînés et leur donner
» presque tout le bien de la famille.

» On ne pouvait, au reste, pour prévenir quelques ex-
» ceptions, interdire toute espèce de contrats et de tran-
» sactions entre le père et les enfans ; cette mesure pro-
» duirait mille inconvéniens bien plus graves que celui
» qu'on aurait évité.

» La fraude pourra se découvrir par les circonstances et
» sans qu'il soit besoin de la prouver autrement ; l'acte
» fait entre le père et le fils devra être annulé, s'il y a
» des circonstances assez fortes pour donner la certitude
» *morale* qu'il contient un avantage indirect.

» Mais si la simple qualité des parties, si des présomp-
» tions vagues, des circonstances légères pouvaient suf-
» fire pour faire annuler l'acte, il est évident que le père

« et les enfans ne pourraient jamais traiter ensemble » d'une manière sûre, quoiqu'ils fussent de bonne foi, » et cette incertitude, disent les auteurs du ***Répertoire* » *de jurisprudence*, armerait les enfans d'une défiance » continuelle; elle fermerait à la fois les cœurs et les » bourses; les circonstances pouvant varier à l'infini, la » loi ne pouvait établir, sur cette matière, des règles » fixes, également applicables à tous les cas. Il a donc » fallu confier au magistrat un pouvoir discrétionnaire et » s'en remettre à sa prudence et à ses lumières; ainsi le » juge n'aura d'autres règles, dans les affaires de cette » nature, que la justice, son devoir et sa conscience.

» Mais il n'annulera pas légèrement un acte qui peut » avoir été fait de bonne foi; et s'il est convaincu mo» ralement qu'il y a donation déguisée, le respect reli» gieux qu'il doit avoir pour la volonté de la loi, ne lui » permettra pas de maintenir ce qu'elle veut annuler.

» On peut faire cependant une observation générale qui » sera souvent utile.

» Lorsqu'un père n'a pas donné la portion disponible, » ou qu'il ne l'a pas épuisée, si l'avantage indirect qu'on » suppose qu'il a fait à un de ses enfans n'excède pas la » portion dont il pouvait disposer en sa faveur, il n'est » pas vraisemblable qu'il ait réellement l'intention de faire » un avantage et de déguiser une donation, puisqu'il » pouvait, sans prendre de voie cachée, donner ouverte» ment, à titre de préciput, tout ce qu'il aurait donné » d'une manière indirecte.

» On ne cherche point à agir en fraude de la loi, lors» qu'elle permet ce qu'on veut faire et qu'on ne fait réel» lement que ce qu'elle permet. . .

» Il n'y a donc, en général, d'avantage indirect que » sur ce qui excède la portion disponible. »

Le passage suivant, tiré du *Traité des Donations*, par M. Grenier, est trop instructif et trop clair pour que nous nous dispensions de le rapporter :

« ..... Celui qu'on dirait avoir voulu faire indirectement » une disposition gratuite, aurait-il des ascendans aux- » quels la loi accorde une réserve? La crainte qu'on ait » voulu pratiquer une fraude pour priver cet ascendant de » ce droit de réserve, ou pour en atténuer l'effet, doit » rendre particulièrement attentif sur les circonstances qui » accompagnent l'acte qui est attaqué.

» S'agirait-il d'une disposition gratuite qu'on préten- » drait avoir été faite par des voies détournées en faveur » d'un des enfans, afin d'éluder la voie du rapport? Ce » serait le cas de redoubler de sévérité. Alors l'intention » de donner peut prendre un plus fort degré de présomp- » tion. On donne plus aisément à un enfant qu'à tout » autre et encore plutôt à un parent qu'à un étranger. » *Fraus inter proximos facile presumitur*. Un père peut » vouloir avantager un enfant à l'insu des autres, et » prendre en conséquence des voies indirectes. »

Ce même auteur, abordant la question de l'avantage indirect provenant de la vente que le père aurait fait à un de ses enfans, s'exprime ainsi :

« Pour se former des idées précises sur cette question, » il faut l'examiner sous trois rapports. Il faut savoir :

» 1° S'il y a une véritable vente ou non;

» 2° Si lors même qu'on pourrait dire qu'il y a une » véritable vente, quel est le degré de vilité dans le prix » qui doit être jugé nécessaire pour donner lieu à un » rapport de la part de l'acquéreur;

» 3° Si, une vilité dans le prix étant constatée de ma- » nière à donner lieu à un rapport, c'est l'héritage même

» qui doit être rapporté ou seulement le supplément de sa » valeur.

» En premier lieu, il est sans difficulté que s'il était » prouvé par les circonstances ou autrement, qu'il n'y a » point eu de prix payé, l'acte perdrait tous les caractères » d'une vente. Il ne pourrait être considéré que comme » un avantage indirect ou frauduleux.

» Duplessis, sur la *Coutume de Paris*, page 212, édi- » tion 1709, disait avec raison qu'alors il n'y avait qu'une » fiction : « Que le contrat serait annulé pour le tout, et » que l'acquéreur serait obligé de rapporter l'héritage. » « Il ne serait donc pas admis à le retenir, en payant même » le prix; il n'y aurait point eu originairement de vente, » dès qu'il n'y aurait pas eu de prix réel.

» En second lieu, en ce qui concerne la vilité de prix » qui devrait donner lieu à un rapport, le taux en a tou- » jours été arbitraire, parce qu'on sent bien que pour la » validité de la vente il ne faut pas qu'elle ait été faite » exactement au prix vénal, lors de cette vente, d'après » une estimation d'experts qui peut elle-même n'être pas » sans incertitude....

» On sent encore que pour constituer un avantage in- » direct, il n'est pas non plus nécessaire qu'il y ait la » lésion exigée par la loi pour faire rescinder les ventes en » géneral.

» Ne pourrait-on pas sortir actuellement de cet arbi- » traire par le secours d'une analogie qui semble se ren- » contrer en cette matière et la disposition de l'article 710 » du Code de procédure civile, qui est compris dans le » texte de la saisie immobilière? — Cet article est ainsi » conçu : « Toute personne pourra, dans la huitaine du » jour où l'adjudication aura été prononcée, faire au » greffe du tribunal, par elle-même ou par un fondé de

2 *

» procuration spéciale, une surenchère, pourvu qu'elle
» soit du quart au moins du prix principal de la vente (1). »

» Il est sensible que toute appréciation de valeur d'im-
» meubles est subordonnée jusqu'à un certain point à
» l'arbitraire, et si dans le cas d'adjudication de saisie
» immobilière, le législateur abandonne à l'incertitude
» naturelle des opinions, sur la valeur des fonds, le quart
» du prix de l'adjudication, s'il reconnaît qu'il n'y a de
» justice à soumettre une vente judiciaire à une nouvelle
» enchère qu'autant qu'elle sera du quart au moins du
» prix de cette vente, pourquoi annulerait-on une vente
« faite par son père à son fils, si, d'après une expertise,
» la différence de valeur n'égalait pas le quart du prix
» convenu dans la vente? A défaut de texte précis dans
» la législation, la raison conseille de recourir aux ana-
» logies.

» Il résulte encore de notre législation que lorsqu'un
» père fait un partage entre ses enfans, une erreur dont
» l'effet ne va pas au-delà du quart de ce qui devrait re-
» venir à chaque enfant, est sans conséquence et ne peut
» donner lieu à un rapport, quoiqu'il n'y ait pas de dis-
» pense.

» On peut donc en conclure que dans ce qui est appré-
» ciation, le législateur accorde le quart pour latitude à
» l'erreur ou à l'incertitude.

» Telles sont les idées que j'ai cru pouvoir soumettre
» aux réflexions des juges et des jurisconsultes, pour
» tâcher de se tirer autant qu'il est possible d'un arbi-
» traire qui tient à la nature des choses.

» En troisième lieu, il résulte bien de ce qui vient

(1) La loi du 2 juin 1841 a réduit la surenchère au sixième.

» d'être dit, que s'il y a une différence entre le prix et » la vraie valeur qui doive faire concevoir l'idée d'un » avantage indirect, laquelle différence, d'après la pro- » position que je viens de soumettre, devrait être d'un » quart du prix de la vente, il doit y avoir lieu à un » rapport; mais quelle doit être la nature de ce rapport? » Est-ce l'excédant de la valeur de l'héritage vendu, ou » est-ce l'héritage même? »

Cet auteur, après avoir cité les diverses opinions de Duplessis, Lebrun, Auroux-des-Pommiers, Pothier et autres, continue ainsi :

« S'il était reconnu par les circonstances ou par l'aveu » même de la famille, que le père eût été dans l'inten- » tion de vendre, qu'il aurait vendu à un étranger comme » à un de ses enfans, alors il paraissait de toute justice » que l'acte conservât le caractère de vente. S'il y avait » un avantage indirect frauduleux relativement à la re- » mise d'une partie du prix, il fallait sans doute le ré- » primer; mais ce n'était pas une raison pour détruire un » contrat qu'on avait voulu faire réellement. On sent la » différence qu'il y a entre une fraude dont le résultat est » la remise d'une partie du prix, et une fraude qui con- » siste à avoir voulu paraître vendre, tandis que dans le » fait on aurait voulu donner. Au premier cas il reste » toujours une vente, il ne s'agit que d'en suppléer le » prix; au second cas il n'y aurait pas de vente, il ne » resterait qu'une donation. »

Enfin M. Grenier cite des exemples, l'avis de plusieurs jurisconsultes et les dispositions de plusieurs coutumes. Voici la conséquence qu'il tire de tout ce qu'il a dit :

« Si le prix de la vente était de 20,000 fr. et que la » plus-value de l'immeuble vendu fût de 5,000 francs,

» il faudrait obliger l'enfant acquéreur au rapport de
» 5,000 fr.

» Si l'héritage vendu était de valeur de 25,000 fr. et
» que le prix de la vente fût au-dessous de 12,500 fr.,
» l'acte devrait être considéré comme donation et l'héritage
» rapporté sauf la répétition du prix.

» Enfin, si le prix de ce même héritage était au-dessus
» de 12,500 fr., l'acte conserverait le caractère de vente
» et il n'y aurait lieu qu'au rapport de l'excédant de la
» valeur, pourvu que cet excédant fût assez notable pour
» faire supposer un dessein d'avantager. »

Ce procédé se trouve appuyé par analogie de l'article 866 du Code civil.

On ne peut donner des règles fixes sur les difficultés de cette nature; c'est donc au juge à rechercher et à décider d'après les circonstances si, dans une vente faite par un père à un enfant, il y a eu intention de donner l'héritage ou seulement l'excédant de la valeur sur le prix qui a été fixé dans la vente.

D'après l'article 1156 du Code civil, il faut dans les conventions rechercher quelle a été la commune intention des parties contractantes, plutôt que de s'arrêter au sens littéral des termes.

Mais dans tous les cas où la quotité disponible n'aura pas été épuisée, la donation déguisée devra être maintenue jusqu'à concurrence de cet épuisement. Ce principe est adopté par la jurisprudence; il s'applique aux donations déguisées de toute espèce, c'est-à-dire provenant de ventes simulées ou de toute autre manière, d'immeubles comme de mobilier, etc.

Dans le cas même où les dons et legs auraient été faits par préciput ou avec dispense du rapport, l'héritier venant à partage ne peut les retenir que jusqu'à concurrence de la quotité disponible; l'excédant est sujet à rapport. (Article 844. *C. c.*).

Avant la loi du 17 nivôse an II de la République française (6 janvier 1794), la quotité disponible dans le pays régi par le droit romain, était réglée par ces deux vers latins :

*Quatuor aut infrà natis, dant jura trientem ;*
*Semissem verò, fuerint si quinque vel ultrà.*

Ce qui veut dire que la réserve légale était du tiers des biens, lorsque l'auteur de la succession laissait quatre enfans ou un plus petit nombre, et de la moitié lorsque ce nombre dépassait quatre.

Dans le premier cas la quotité disponible était donc les deux tiers, dans le second cas elle se réduisait à la moitié des biens.

La loi du 17 nivôse an II permettait à celui qui avait des enfans de donner un dixième de ses biens à un étranger, mais elle exigeait une égalité absolue à l'égard des enfans. Si le disposant n'avait pas d'enfans, il pouvait donner à tout autre qu'à un successible un sixième de ses biens; mais à l'égard des successibles, il en était de même que pour les enfans.

La loi du 4 germinal an VIII (25 mars 1800), établit une réserve en faveur des descendans et de certains collatéraux. Elle permit en même temps de donner en préciput ou avec dispense de rapport, à tout successible, la même quotité dont on aurait pu disposer en faveur d'un étranger.

La quotité disponible, d'après cette loi, était du quart, lorsque le disposant laissait à son décès moins de quatre enfans; du cinquième s'il laissait quatre enfans; du sixième s'il en laissait cinq; et ainsi de suite, en comptant toujours pour déterminer la portion disponible le nombre des enfans plus un.

Si le disposant ne laissait pas des descendans, mais qu'il laissât soit des ascendans, soit des frères ou sœurs ou des enfans de ces derniers, la portion disponible était la moitié de ses biens. Elle était des trois quarts lorsque le disposant ne laissait que des oncles ou grands-oncles, tantes ou grand'tantes, soit de cousins ou cousines germaines ou des enfans de ces derniers. A défaut de parens dans les degrés ci-dessus, les dispositions pouvaient épuiser la totalité. Ces libéralités pouvaient être faites au profit des enfans et autres successibles du disposant, sans qu'ils fussent sujets à rapports.

Aujourd'hui, pour régler la quotité disponible, le Code civil distingue quatre cas :

1° Celui où le défunt a laissé des descendans légitimes;

2° Celui où le défunt n'a pas laissé des descendans, mais seulement des ascendans;

3° Celui où il n'a laissé ni descendant ni ascendant, mais seulement des collatéraux;

4° Celui où la disposition serait faite en faveur d'un époux.

Au premier cas, si le défunt ne laisse qu'un enfant légitime, la quotité disponible est de la moitié des biens; elle est du tiers s'il laisse deux enfans, et d'un quart seulement s'il en laisse trois ou un plus grand nombre. (Article 913. *C. c.*).

Les descendans, en quelque degré qu'ils se trouvent, sont comptés pour l'enfant qu'ils représentent dans la succession du disposant. (*Ibid.*, 914).

Au second cas, la quotité disponible est de la moitié si le défunt laisse des ascendans dans les deux lignes; et des trois-quarts s'il ne laisse d'ascendans que dans une ligne. (*Ibid.*, 915).

Au troisième cas, la portion disponible embrasse indistinctement la totalité des biens, quelle que soit leur nature et leur origine. (*Ibid.*, 915).

Au quatrième cas, elle est de tout ce que le défunt aurait pu disposer en faveur d'un étranger et en outre de l'*usufruit de la totalité de la portion dont la* loi prohibe la disposition au préjudice des héritiers, pour le cas où il ne laisserait point d'enfans ni descendans; et pour le cas où il laisserait des enfans ou descendans, il aurait pu disposer d'un quart en propriété et d'un autre quart en usufruit on de la moitié en *usufruit seulement.* (*Ibid.*, 1094).

Pendant longues années la jurisprudence avait suivi relativement à la disposition de l'article 1094 du Code civil que nous venons de citer, l'opinion des auteurs qui avaient pensé qu'un époux ayant trois enfans ou un plus grand nombre, et qui avait gratifié son conjoint de l'usufruit de la moitié de ses biens, n'avait pas épuisé la quotité disponible, et qu'il pouvait encore disposer d'un quart de la nue propriété en faveur de tout autre.

Mais la jurisprudence vient de changer à cet égard.

Il a été jugé par la cour de Besançon, chambres réunies, le 13 février 1840, sur le renvoi fait à cette cour par un arrêt de la cour de cassation du 24 juillet 1839, que l'époux qui *ayant trois enfans a gratifié* son conjoint de l'usufruit de la moitié de ces biens, a épuisé la portion disponible envers tout autre, et ne peut plus donner un quart en nue propriété.

Cet arrêt est conforme à la jurisprudence actuelle de la cour suprême et à l'opinion de Grenier et autres. Cet auteur a parfaitement développé cette question dans son

*Traité des Donations* (édition de 1807, t. III, p. 230, N° 584).

Il a été jugé dans ce même sens par le tribunal d'Ambert, le 3 août 1844. La cour royale de Riom a confirmé ce jugement par arrêt du 6 mai 1846. Ce jugement et cet arrêt ont aussi jugé que la renonciation par l'époux donataire de la moitié de l'usufruit rend efficace la donation postérieure de la portion disponible envers tout autre.

Les cours royales d'Amiens, de Limoges, d'Agen et autres, ont jugé dans le même sens, et la jurisprudence de la cour suprême se trouve toujours conforme à celle de ces cours royales.

Néanmoins les cours royales de Grenoble et de Toulouse persistent dans le sens contraire : Toulouse, 28 janvier 1843, 13 avril 1844 et 13 février 1846; et Grenoble, 13 décembre 1843, etc.

Dans le cas où la portion disponible embrasse la totalité des biens, le don fait à l'un quelconque des successibles, *à titre de préciput*, restera tout entier au donataire, quelle que soit l'étendue de ce don; et s'il y a dans la succession du donateur d'autres biens qui ne soient point compris dans la donation, le donataire conservera le don à lui fait, et en outre, en sa qualité de successible, il viendra partager avec les autres héritiers au même degré que lui les biens non compris dans le don. S'il ne restait pas d'autres biens, ou si ces biens étaient absorbés par des dettes contractées par le donateur postérieurement à la donation, le donataire, en renonçant à la succession, ne serait tenu d'aucun rapport.

Mais d'après le véritable sens de l'article 845 du Code civil, dans le cas où le don ne serait pas fait à *titre de préciput* ou *hors part*, si les biens restant dans la succession étaient d'une valeur telle que la portion héréditaire revenant à chaque héritier fût supérieur à l'objet de la donation, le donataire héritier pourra rapporter à la masse ce qui lui aura été donné, et prendre ensuite dans la succession une portion égale à celle que la loi lui accorde.

Si, au contraire, l'objet de la donation se trouvait supérieur à la portion héréditaire, en renonçant à la succession du donateur, il peut retenir en entier le don à lui fait, quelle que soit la valeur du don, puisque la portion disponible dans ce cas peut embrasser la *totalité des biens*.

Il n'en est pas de même des dons faits à des héritiers qui ont droit à une réserve. Dans ce cas, lorsque le don est fait à *titre de préciput*, ce don peut être ou inférieur, ou égal, ou supérieur à la quotité disponible, *ou bien il* comprendra la totalité des biens.

Si le don est inférieur ou égal à la portion disponible, il n'est pas sujet à rapport. L'héritier donataire pourra, indépendamment de ce don, venir à partage pour réclamer sa part à la réserve légale.

Si le don est supérieur à la portion disponible, l'excédant sera sujet à rapport et sera réuni aux autres biens pour former la réserve légale, à laquelle l'héritier donataire aura encore sa part comme ses autres cohéritiers.

Si le don comprend la totalité des biens, l'héritier donataire ne pourra retenir que la portion disponible, et l'excédant formera la réserve légale à laquelle le donataire aura aussi sa part.

Enfin, si les biens qui ne sont pas compris dans la donation se trouvent grévés de dettes, contractées par le donateur postérieurement à la donation, et que ces dettes absorbent ou fassent plus qu'absorber la valeur de ces mêmes biens, les cohéritiers du donataire peuvent renoncer à la succession et demander leur part à la réserve légale, sur les biens donnés, sans que les créanciers puissent les contraindre au paiement de l'excédant de leurs créances sur la valeur des biens non donnés, à moins qu'ils n'eussent avant la donation des droits acquis sur les biens donnés et qu'ils n'aient pris inscription hypothécaire avant la transcription de la donation.

Les personnes au profit desquelles la loi fait une réserve, peuvent seules profiter de cet avantage, en vertu de l'article 921 du Code civil.

Lorsque la donation entre-vifs a été faite à l'un des héritiers ayant droit à une réserve, sans expression *de préciput* ni *dispense de rapport*, elle doit être présumée faite *en avancement d'hoirie*, c'est-à-dire en avancement de sa part à la réserve légale.

La disposition de l'art 845 du Code civil trouve encore ici son application, et à ce sujet elle a présenté beaucoup de difficultés. La jurisprudence n'est pas encore bien fixée sur ce point, qui a été longtemps et qui est encore controversée. Le véritable sens de cet article n'a pas été également compris et a donné lieu à diverses interprétations qui divisent encore les jurisconsultes et les tribunaux.

Voici, d'après la jurisprudence actuelle de la cour suprême et de plusieurs cours d'appels, notamment de celles de Lyon, de Montpellier, de Paris et de Toulouse, de quelle manière ce sens doit être entendu dans les diverses hypothèses que peut présenter la donation en avancement d'hoirie.

Si la valeur de l'objet donné est inférieure à la part que le donataire peut avoir dans la réserve, celui-ci en fait le rapport pour réclamer la part qui doit lui revenir.

Si la valeur du don est égale à la part que le donataire a le droit de réclamer dans la réserve, celui-ci peut encore rapporter le don pour prendre sa part dans la réserve augmentée d'une portion de la quotité disponible, s'il n'en a pas été disposé ou si elle n'a pas été épuisée totalement.

Si la valeur de l'objet donné est supérieure à la part que le donataire peut avoir dans la réserve, celui-ci, en renonçant à la succession, est dispensé de rapporter. Il conserve le don en l'imputant d'abord sur sa part à la réserve et ensuite l'excédant de cette part sur la quotité disponible, jusqu'à concurrence de cette quotité. Par ce moyen, si le don n'excède pas sa part dans la réserve et la quotité disponible, le donataire peut retenir le don en entier.

Enfin, si le don excède la part à la réserve et la quotité disponible, en renonçant à la succession, le donataire ne peut être tenu qu'à rapporter l'excédant aux autres cohéritiers.

Le système du cumul de la portion disponible et de la réserve, a été écarté par plusieurs cours royales, notamment par celles de Rouen, 10 mars 1845; Grenoble, 4 août 1845, Riom, 25 avril 1845, et Dijon, 20 décembre 1845. Mais cette opinion, quoique la plus conforme au sens littéral de la loi, est la plus critiquée et la moins suivie.

En suivant cette opinion, le don serait imputable en entier sur la portion disponible seulement, et l'excédant, s'il y en avait, serait sujet à rapport pour former la réserve à laquelle le renonçant ne pourrait prendre aucune part, étant censé n'avoir jamais été héritier, d'après l'article 785 du Code civil.

Si au contraire la quotité disponible n'était pas épuisée par le don fait au renonçant, le restant profiterait au donataire à titre de préciput s'il en existait.

Comme le système du cumul de la réserve légale et la portion disponible est le plus généralement adopté et que nous l'avons toujours suivi dans nos arbitrages, nous allons présenter quelques exemples conformes à ce système.

Supposons un père laissant trois enfans pour recueillir sa succession, de valeur de 20,000 fr.

Au premier qu'il a marié, il a donné en avancement d'hoirie une somme de 8,000 fr. Le père meurt sans avoir fait d'autres dispositions. Dans ce cas le donataire, en renonçant à la succession de son père, peut retenir le don à lui fait, puisqu'il n'excède pas sa part à la réserve et la portion disponible, et qu'au contraire il se trouve inférieur. Par ce moyen, les deux autres enfans n'auraient chacun que 6,000 fr.

Si dans la même hypothèse le premier don se trouve de 8,000 fr., mais que plus tard le père ait disposé, à titre de préciput, du quart de tous ses biens en faveur d'un autre enfant, la réserve légale étant ici de 5,000 fr., le premier donataire, en renonçant à la succession, retiendra en entier le don à lui fait, en l'imputant, savoir : 5,000 fr. sur la réserve légale, et 3,000 fr. sur la portion disponible. Cette dernière quotité ne se trouvant pas encore épuisée, le donataire à titre de préciput profitera seul des 2.000 fr. restans. Ainsi, le premier donataire aura 8,000 fr., le second 7,000 fr., et le troisième enfant sera réduit à sa simple part à la réserve, à 5,000 fr.

Supposons maintenant que le père ait donné en avancement d'hoirie au premier 8,000 fr. et au second 7,000 ; dans ce cas, chacun d'eux pourrait retenir le don à lui fait, pourvu que l'un et l'autre renonçât à la succession. Les 5,000 fr. restant formeraient la part qui devrait revenir sur la réserve légale au troisième enfant. Il en serait de même dans le cas où le père aurait donné postérieurement au troisième enfant le quart à titre de préciput. Celui-ci se trouverait toujours réduit à sa simple part à la réserve, la quotité disponible se trouvant épuisée par les deux premières libéralités.

Mais si la première donation s'élevait à 10,000 fr., la seconde devrait être réduite à 5,000 fr., montant d'une simple part à la réserve, la quotité disponible étant épuisée par la première libéralité.

Pour déterminer la quotité disponible, on réunit fictivement à tous les biens que le défunt laisse à son décès, sans en avoir disposé, tous ceux dont il a disposé gratuitement, d'après leur état à l'époque de la donation et leur valeur au temps du décès du donateur. On calcule ensuite sur tous ces biens, après en avoir déduit les dettes, quelle est, eu égard à la quotité des héritiers qu'il laisse, la quotité dont il a pu disposer. (Art. 922, *C. c.*).

Chaque cohéritier fait rapport à la masse des dons qui lui ont été faits et des sommes dont il est débiteur. (*Ibid.*, 829).

Si le rapport n'est pas fait en nature, les cohéritiers à qui il est dû prélèvent une portion égale sur la masse de la succession. Les prélèvemens se font autant que possible en objets de même nature, qualité et bonté que les objets non rapportés en nature. (*Ibid.*, 830).

Après ces prélèvemens, il est procédé sur ce qui reste dans la masse à la composition d'autant de lots égaux qu'il y a d'héritiers copartageans ou de souches copartageantes. (*Ibid.*, 831).

Lorsque le donataire ne rapporte pas en nature le don qui lui a été fait, il doit l'imputer sur sa part dans l'hérédité; conséquemment, chacun de ses cohéritiers doit avoir plus que lui dans les objets qui restent de la succession, une portion égale à l'objet non rapporté. Il faut donc commencer à prélever en leur faveur une portion égale à l'objet non rapporté, et procéder ensuite au partage des objets restant ; mais il faut que ce prélèvement se fasse autant que possible sur des objets de même nature, qualité et bonté.

Au lieu de ces prélèvemens, lorsqu'il y a un bon nombre de cohéritiers, il est plus simple de prélever en faveur de celui qui ne rapporte pas l'objet qui lui a été donné le complément de ce qui lui manque pour toute sa quote héréditaire, et de prodéder ensuite au partage des biens restans. C'est ainsi que cela se pratique ordinairement lorqu'on n'est pas assujéti à suivre toutes les formalités voulues par la loi. Cette manière d'opérer à le double avantage d'être moins dispendieuse et de moins morceler les héritages.

Outre les prélèvemens énoncés ci-dessus, chaque cohéritier a encore le droit de prélever sur la masse de la succession les choses qui lui ont été données ou léguées à titre de préciput par le défunt, mais seulement jusques à concurrence de la quotité disponible. Les cohéritiers n'ont pas le droit de s'opposer à ce prélèvement, lors même qu'il rendrait incommode ou impossible le partage des autres biens ou nuirait à la vente par licitation. La volonté du testateur ou du donateur doit être exécutée sans aucune altération ; mais il faut toujours que ce prélèvement soit possible sans diminuer la valeur de l'excédant.

Le donataire qui n'était pas héritier présomptif lors de la donation, mais qui se trouve successible à l'époque de l'ouverture de la succession, doit également le rapport, à moins que le donateur l'en ait dispensé. (*Ibid.*, 846).

Les dons et legs faits au fils de celui qui se trouve successible à l'époque de l'ouverture de la succession, sont toujours réputés faits avec dispense du rapport.

Le père venant à la succession du donateur n'est pas tenu de les rapporter. (*Ibid.*, 847).

Pareillement, le fils venant de son chef à la succession du donateur, n'est pas tenu de rapporter le don fait à son père, même quand il aurait accepté la succession de celui-ci; mais si le fils ne vient que par représentation, il doit rapporter ce qui aurait été donné à son père, même dans le cas où il aurait répudié sa succession. (*Ibid.*, 848).

Les dons et legs faits au conjoint d'un époux successible sont réputés faits avec dispense du rapport.

Si les dons et legs sont faits conjointement à deux époux, dont l'un seulement est successible, celui-ci en rapporte la moitié; si les dons sont faits à l'époux successible, il les rapporte en entier. (*Ibid.*, 849).

Le rapport ne se fait qu'à la succession du donateur. (*Ibid.*, 850).

Le rapport est dû de ce qui a été employé pour l'établissement d'un des cohéritiers ou pour le paiement de ses dettes. (*Ibid.*, 851).

Les frais de nourriture, d'entretien, d'apprentissage, d'éducation, les frais ordinaires d'équipement, ceux de noces et présens d'usage ne doivent pas être rapportés. (*Ibid.*, 852).

Il en est de même des profits que l'héritier a pu retirer de conventions passées avec le défunt, si ces conventions ne présentaient aucun avantage indirect lorsqu'elles ont été faites. (*Ibid.*, 853).

Pareillement, il n'est pas dû de rapport pour les associations faites sans fraude entre le défunt et l'un de ses héritiers, lorsque les conditions en ont été réglées par un acte authentique. (*Ibid.*, 854).

L'immeuble qui a péri par cas fortuit et sans la faute du donataire, n'est pas sujet à rapport. (*Ibid.*, 855).

Les fruits et les intérêts des choses sujettes à rapport ne sont dus qu'à compter de l'ouverture de la succession. (*Ibid.*, 856).

Mais lorsque les fruits perçus par le donataire avant l'ouverture de la succession, sont l'objet direct et unique de la donation, ils doivent être rapportés : par exemple, lorsqu'il a été donné par le défunt en avancement d'hoirie seulement, des jouissances ou des arrérages d'une rente, ou des intérêts d'un capital. C'est une conséquence de l'article 843 du Code civil, d'après lequel l'héritier doit rapporter *tout ce qu'il a reçu du défunt*. Il n'y a point d'exception. Il n'y a d'excepté par l'article 856 ci-dessus rapporté que les fruits et intérêts des choses sujettes à rapport, c'est-à-dire des *objets donnés*. Cependant, si les fruits ou les intérêts avaient été donnés pour tenir lieu d'entretien de nourriture ou d'apprentissage, il faudrait appliquer l'article 852 précité.

Le rapport n'est dû que par le cohéritier à son cohéritier; il n'est pas dû aux légataires ni aux créanciers de la succession. (*Ibid.*, 857).

Le rapport se fait en nature ou en moins prenant. (*Ibid.*, 858).

Il peut être exigé en nature, à l'égard des immeubles, toutes les fois que l'immeuble donné n'a pas été aliéné par le donataire, et qu'il n'y a pas dans la succession d'immeubles de même nature, valeur et bonté, dont on puisse former des lots à peu près égaux pour les autres cohéritiers. (*Ibid.*, 859).

Ainsi, toutes les fois que, avant le partage d'une succession, l'immeuble donné aura été aliéné ou qu'il s'en trouvera dans la succession de même nature, valeur et bonté, dont on puisse former des lots à peu près égaux pour les autres cohéritiers, le donataire aura l'option de le rapporter ou de ne pas le rapporter. Il ne peut être contraint à rapport que lorsque ni l'un ni l'autre des deux cas prévus par l'article 859 ci-dessus n'ont pas lieu, sauf le cas de la réduction conformément à l'article 920 du Code civil. Dans ce cas, l'excédant sera toujours sujet à rapport, si la donation n'a pas été faite à un successible; mais si la donation a été faite à un successible, celui-ci, en se conformant au sens de l'article 845 du Code civil, dont nous avons parlé page 48 et suivantes, n'aura à rapporter que l'excédant de la quotité disponible et de sa part héréditaire. Dans aucun cas, il ne peut être privé de la faveur de rapporter. Pour jouir de cette faveur, dans le cas où l'immeuble donné aurait été aliéné, le donataire n'aura qu'à prendre des arrangemens avec l'acquéreur.

Dans le cas du rapport, il ne peut être tenu que de rendre en nature tout ce qui lui a été donné, sans qu'il soit responsable des pertes qui n'ont pas été occasionnées par sa faute ou par celle des personnes dont il doit répondre. C'est le sens de l'article 855 du Code civil déjà cité; mais, par une juste conséquence, le donataire ne pourra réclamer d'indemnité pour les augmentations ou améliorations survenues naturellement sur l'immeuble sujet à rapport. Ne devant pas supporter la perte qui n'arrive pas par sa faute, il ne doit pas profiter des améliorations ou augmentations auxquelles il n'a point contribué.

Le rapport n'a lieu qu'en moins prenant quand le donataire a aliéné l'immeuble avant l'ouverture de la succession; il est dû de la valeur de l'immeuble à l'époque de l'ouverture. (*Ibid.*, 860).

Dans tous les cas, il doit être tenu compte au donataire des impenses qui ont amélioré la chose, eu égard à ce dont sa valeur se trouve augmentée au temps du partage. (*Ibid.*, 861).

Il doit être pareillement tenu compte au donataire des

impenses nécessaires qu'il a faites pour la conservation de la chose, encore qu'elles n'aient point amélioré le fonds. (*Ibid.*, 862).

Le sens de l'article 861 que nous venons de mentionner, peut se rapporter à quatre cas :

1° Les impenses peuvent avoir eu lieu sans qu'il y ait augmentation ni diminution de valeur ;

2° Il peut en résulter une augmentation de valeur plus forte que le montant des impenses ;

3° L'augmentation de valeur peut être inférieure à ce qu'ont coûté les impenses ;

4° L'augmentation de valeur peut être égale au montant des impenses.

Dans le premier cas, les impenses faites par le donataire sont ponr lui en pure perte, puisque les copartageans ne sont tenus de lui en faire compte qu'eu égard à ce dont la valeur se trouve augmentée.

Dans le second cas, le donataire doit recevoir une somme égale à ce que l'immeuble vaut de plus qu'il ne valait avant les impenses, et profite en conséquence de l'excédant de cette augmentation de valeur sur les impenses qu'il a faites.

Dans le troisième cas, l'augmentation de valeur étant inférieure aux impenses, le donataire perd la différence entre l'augmentation de valeur et les impenses.

Enfin, dans le quatrième cas, il n'éprouve ni perte ni gain et doit être uniquement remboursé de ses impenses.

Mais dans le cas prévu par l'article 862 ci-dessus rapporté, il doit toujours être fait compte au donataire des impenses qu'il a faites pour la conservation de la chose, soit que le fonds ait perdu, soit qu'il ait augmenté de valeur. Ainsi, quoique le fonds ait diminué de valeur, il suffit qu'il soit reconnu que les impenses étaient nécessaires pour la conservation de l'objet à l'état où il se trouve pour qu'on doive le tenir en compte au donataire; mais aussi, par une juste conséquence, il ne doit lui être tenu compte que des impenses qu'il a faites pour la conservation de la chose, encore que le fonds ait augmenté d'une valeur plus forte que ces impenses.

Cependant, si le donataire avait dépensé par sa faute ou son inexpérience plus qu'il n'en aurait coûté à un père de famille prudent et éclairé, il devrait supporter seul la perte de l'excédant.

Le donataire, de son côté, doit tenir compte des dégradations et détériorations qui ont diminué la valeur de l'immeuble par son fait, ou par sa faute et négligence. (*Ibid.*, 863).

Les augmentations de valeur dans le cas de l'art. 861 précité, et les dégradations ou détériorations prévues par l'article 863 du même Code, doivent être estimées eu égard à ce dont la valeur de l'immeuble se trouve augmentée ou diminuée, à l'époque de l'ouverture de la succession, lorsqu'elles ont eu lieu sur des objets qui ne sont rapportés que fictivement. C'est une conséquence de la disposition de l'article 860 du Code civil.

Mais nous pensons, contrairement à l'opinion de M. Chabot (de l'Allier), que dans le cas du rapport réel de l'objet donné, les diminutions ou augmentations de valeur de l'objet rapporté doivent être évaluées dans l'état où elles se trouvent à l'époque du partage. C'est ce qui est prescrit par l'article 861 du Code civil, relativement aux augmentations, et par l'article 863 du même Code, relativement aux dégradations ou détériorations.

Nous ne pensons pas, comme M. Chabot, qu'il y ait dans l'article 861 une erreur de rédaction. N'est-il pas juste, en effet, que celui qui a fait des impenses pour améliorer la chose profite de l'augmentation de valeur que cette chose a acquise à l'époque du partage, si cette augmentation n'a pu avoir lieu que par l'effet de ces impenses?

N'est-il pas également juste que la diminution de valeur telle qu'elle se trouve à l'époque du partage, par l'effet des détériorations commises par celui qui était en possession de l'objet détérioré, soit aussi à sa charge?

C'est justement en opérant ainsi que l'on fait rendre compte de l'objet sujet à rapport d'après sa valeur à l'ouverture de la succession, si l'objet provient d'un legs, et d'après son état à l'époque de la donation et sa valeur au temps du décès du donateur, si l'objet provient d'une libéralité entre vifs, ainsi que le prescrit l'article 922 du Code civil.

D'ailleurs il nous paraît qu'il y a contradiction dans l'opinion de M. Chabot sur le sens de l'article 861 précité et la manière dont il entend que les objets soient estimés (*Commentaires*, édition de 1804, page 351, N° 5), estimation qui, selon lui, doit être faite d'après la valeur des objets à l'époque du partage. En opérant différemment on pourrait faire du tort à celui qui a fait les impenses ou à ceux des copartageans qui doivent être dédommagés des dégradations ou détériorations commises par tout autre héritier. D'ailleurs il peut arriver que les impenses aient été faites postérieurement à l'ouverture de la succession, et que les améliorations ou détériorations soient survenues depuis cette époque.

Ainsi, pour connaître les améliorations ou détériorations, il y a deux estimations à faire. La première doit se rapporter à la valeur de l'objet à l'époque de l'ouverture de la succession, comme point de départ, en supposant l'objet dans l'état où il était à l'époque de la donation. La seconde estimation doit être faite suivant l'état où se trouvent les objets rapportés à l'époque du partage. La différence, soit en plus, soit en moins, sera l'évaluation, soit des améliorations, soit des dégradations commises et dont il deva être fait compte à qui ou par qui de droit.

Nous regrettons de nous trouver sur ce point en opposition avec un auteur aussi judicieux que celui que nous venons de citer, et ce n'est qu'avec une extrême défiance de nous-même et qu'après avoir longuement examiné avec la plus scrupuleuse attention les raisons pour et contre, que nous nous sommes décidés à émettre une opinion contraire, mais qui est un effet de l'intime conviction où nous sommes que c'est le seul moyen de rendre justice dans un partage.

Lorsqu'il s'agit des améliorations ou détériorations survenues naturellement à l'objet rapporté en nature, tous les copartageans devant en profiter ou en supporter la perte, il est encore évident que les objets doivent être estimés eu égard à leur valeur à l'époque du partage, sans qu'il soit besoin de s'occuper de la quotité de l'augmentation ou de la diminution de valeur.

Il en serait autrement si l'objet n'était rapporté que fictivement ; dans ce cas, l'estimation de l'objet dispensé du rapport doit être basée sur sa valeur à l'époque de l'ouverture de la succession, d'après son état à l'époque de la donation. C'est le véritable sens des articles 860 et 922 du Code civil.

Les augmentations ou diminutions de valeur survenues naturellement ou de toute autre manière depuis l'ouverture de la succession à l'objet dispensé du rapport, ne doivent jamais concerner que le donataire qui ne peut être tenu que de faire compte de l'objet non rapporté suivant ce qu'il aurait valu à l'époque de l'ouverture de la succession, en supposant que cet objet se trouvât dans le même état qu'il lui a été donné.

Quant au mode d'estimation de la valeur des objets mobiliers qui auraient été donnés, Grenier, dans son *Traité des Donations*, tome 3, p. 325, édition de 1807, s'exprime ainsi :

« On peut dire que de la combinaison des art. 928 et » 948 il résulte que le mot *biens* et ceux-ci : *d'apres* » *leur état à l'époque des donations et leur valeur au* » *temps du décès du donateur*, insérés dans l'art. 922, » se rapportent seulement aux immeubles, et que dès- » lors le rapport fictif du mobilier doit se faire suivant sa » valeur à l'époque de la donation. »

Ce principe est d'ailleurs consacré par l'article 868 du Code civil dont nous parlerons bientôt.

Lorsque le don d'un immeuble fait à un successible avec dispense du rapport excède la portion disponible, le rapport de l'excédant se fait en nature, si le retranchement de cet excédant peut s'opérer commodément. — Dans le cas contraire, si l'excédant est de plus de moitié de la valeur de l'immeuble, le donataire doit rapporter l'immeuble en totalité, sauf à prélever sur la masse la valeur de la portion disponible ; si cette portion excède la moitié de la valeur de l'immeuble, le donataire peut retenir l'immeuble en totalité, sauf à moins prendre et à récompenser ses cohéritiers en argent ou autrement. (*Ibid.*, 866).

L'application de cet article ne présente de difficulté que dans le cas ou l'excédant serait égal à la moitié de la valeur de l'immeuble et conséquemment à la portion disponible et que le retranchement ne pourrait s'opérer commodément.

Le législateur ne s'étant pas expliqué sur ce cas, qui

au surplus doit être fort rare, mais qui peut se présenter, nous pensons que si les cohéritiers ne pouvaient s'accorder sur la détermination à prendre en pareille circonstance ou qu'il y eût des mineurs, la licitation de l'immeuble devrait être ordonnée, comme cela avait lieu sous l'ancienne législation, dans tous les cas où la valeur de l'immeuble donné dépassait la portion disponible.

Le cohéritier qui fait le rapport en nature d'un immeuble peut en retenir la possession jusqu'au remboursement effectif des sommes qui lui sont dues pour impenses ou améliorations. (*Ibid.*, 867).

Le rapport du mobilier ne se fait qu'en moins prenant, il se fait sur le pied de la valeur du mobilier lors de la donation, d'après l'état estimatif annexé à l'acte, et à défaut de cet état, d'après une estimation par experts, à juste prix et sans crue. (*Ibid.*, 868).

Cependant, nonobstant la disposition de cet article, comme la valeur du mobilier portée dans l'état estimatif peut être inférieure à la valeur réelle de ce mobilier, soit dans le but d'un avantage indirect, soit pour frustrer les droits d'enregistrement, les tribunaux ordonnent souvent une juste estimation par experts, soit pour vérifier si la valeur n'excède pas la quotité disponible, et dans ce cas en ordonner la réduction, soit pour composer d'une manière plus précise la masse de la succession, et connaître enfin toute l'étendue de la libéralité, pour déterminer la proportion dans laquelle le donataire doit contribuer au paiement des dettes et charges, conformément à l'article 870 du Code civil dont nous parlerons au dernier paragraphe de cette partie.

Les rentes perpétuelles ou viagères, soit sur l'état, soit sur les particuliers, étant déclarées meubles par l'article 529 du Code civil, le rapport doit en être fait en moins prenant, conformément à l'article 868 du même Code et suivant leur valeur à l'époque de la donation.

Le rapport de l'argent donné se fait en moins prenant dans le numéraire de la succession. — En cas d'insuffisance, le donataire peut se dispenser de rapporter du numéraire, en abandonnant, jusqu'à due concurrence du mobilier, et à défaut de ce mobilier, des immeubles de la succession. (*Ibid.*, 869).

La disposition de cet article confère évidemment au cohéritier qui a reçu un don en argent, le droit de choisir ce qui lui paraît le plus avantageux, ou de rapporter le don à lui fait, pour prendre sa part dans la succession en objets de toute nature, ou de le retenir, en abandonnant à ses cohéritiers du mobilier jusqu'à due concurrence de la somme qui lui a été donnée, et à défaut de mobilier, en abandonnant des immeubles.

## § 3. *Des formalités à remplir pour opérer le partage.*

L'estimation des immeubles est faite par experts choisis par les parties intéressées, ou, à leur refus, nommés d'office.

Le procès-verbal des experts doit présenter les bases de l'estimation; il doit indiquer si l'objet estimé peut être commodément partagé, de quelle manière; fixer enfin, en cas de division, chacune des parts qu'on peut en former et leur valeur. (Art. 824, *C. c.*).

Il est évident que la première partie de cet article ne peut s'appliquer qu'aux partages qui se font entre majeurs, puisque les experts peuvent être choisis par les parties intéressees, et que suivant l'article 466 du même Code, les experts chargés de l'estimation doivent être nommés par le tribunal, lorsqu'il s'agit d'un partage dans lequel un mineur est intéressé. Voici la disposition de cet article :

« Pour obtenir à l'égard du mineur tout l'effet qu'il » aurait entre majeurs, le partage doit être fait en justice » et précédé d'une estimation faite par experts nommés » par le tribunal de première instance du lieu de l'ouver- » ture de la succession.

» Les experts, après avoir prêté devant le président du » même tribunal ou autre juge par lui délégué, le serment » de bien et fidèlement remplir leur mission, procéde- » ront à la division des héritages et à la formation des » lots, qui seront tirés au sort, et en présence, soit d'un » membre du tribunal, soit d'un notaire par lui commis, » lequel fera la délivrance des lots.

» Tout autre partage ne sera considéré que comme pro- » visionnel. »

L'article 824 du Code civil ne faisant pas mention de la prestation du serment exigé par l'article 466 du même Code, on pourrait croire que cette formalité n'est pas exigée rigoureusement pour les partages qui se font en justice entre majeurs; mais suivant la disposition de l'article 10 du titre XXI de l'ordonnance de 1667, non abrogée, les experts doivent toujours prêter serment lorsqu'ils sont nommés par le juge.

Le procès-verbal des experts doit présenter les bases de l'estimation, c'est-à-dire que les experts ne peuvent se borner à exprimer simplement la valeur de l'objet soumis à leur estimation; ils doivent exposer les motifs de leur évaluation et faire connaître si l'estimation est basée sur des baux, sur l'état des biens, sur leur quotité, leur nature de culture, sur leur situation, sur les productions que les fonds peuvent donner, etc. Il faut enfin que l'opération des experts soit raisonnée ; mais il n'est pas nécessaire de donner en détail la valeur des objets estimés, comme on l'avait demandé dans le premier projet du Code civil, cette formalité fut supprimée sur l'observation qui en fut faite par M. le sénateur Tronchet, basée sur ce que cet usage d'estimer en détail chaque objet entraînait de grands abus.

L'art. 824 du Code civil exige seulement que les experts fixent la valeur de chacune des parts qu'ils forment pour le partage, c'est-à-dire de chaque lot en entier; mais il n'est pas nécessaire que le procès-verbal des experts détermine séparément la valeur de chacun des objets dont le lot est composé; cependant c'est la marche que suivent en général les experts, et nous pensons que ce mode d'opérer est le plus convenable.

Si le procès-verbal des experts ne présentait pas les bases de l'estimation, ou s'il était prouvé que les bases d'après lesquelles ils auraient opéré fussent fausses, les héritiers et même un seul d'entre eux pourraient demander une nouvelle estimation; les juges pourraient aussi l'ordonner d'office s'il y avait des mineurs, des absens ou des interdits intéressés au partage.

Les objets doivent être estimés suivant leur valeur à l'époque du partage, et non suivant leur valeur à l'époque de l'ouverture de la succession. Depuis cette dernière époque, certains objets ont pu augmenter et d'autres diminuer de valeur, par l'effet d'améliorations ou de détériorations, et l'on conçoit que la valeur des lots pourrait être très inégale si l'estimation se faisait suivant la valeur des objets au moment où la succession s'est ouverte.

Les améliorations ou dégradations doivent être l'objet

d'un compte particulier à faire entre cohéritiers, lorsqu'elles sont le fait de quelques-uns d'entre eux. (Voir ce que nous avons dit à ce sujet page 57 et suivantes). Nous reviendrons un peu plus loin sur le sens de l'art. 824.

Lorsque des immeubles d'une succession sont grévés de rentes par hypothèque spéciale, chacun des cohéritiers peut exiger que les rentes soient remboursées et les immeubles rendus libres avant qu'il soit procédé à la formation des lots. Si les cohéritiers partagent la succession dans l'état où elle se trouve, l'immeuble grévé doit être estimé au même taux que les autres immeubles; il est fait déduction du capital de la rente sur le prix total; l'héritier dans le lot duquel tombe cet immeuble, demeure seul chargé du service de la rente, et il doit en garantir ses cohéritiers. (*Ibid.*, 872).

L'estimation des meubles, s'il n'y a pas eu de prisée faite dans un inventaire régulier, doit être faite par gens à ce connaissant, à juste prix et sans crue. (*Ibid.*, 825).

Les experts pour estimer le mobilier, lorsqu'il a été dénaturé ou qu'il n'existe plus, doivent prendre tous les renseignemens convenables, et à défaut de renseignemens suffisans sur la qualité, quotité et valeur des objets, ils en déterminent la valeur d'après la déclaration du donataire, les dires respectifs de tous les cohéritiers, la portée des biens et l'aisance présumée de l'auteur de la succession. Cette estimation doit être faite à juste prix et *sans crue*.

Avant le Code civil, le tuteur ou curateur qui avait négligé de vendre les meubles du mineur, de l'absent ou de l'interdit, ou qui ne le rapportait pas en nature lorsqu'il avait été légalement dispensé de les vendre, était obligé de payer le montant de l'estimation et le quart en sus; c'est ce quart en sus que l'on appelait *crue*. Aujourd'hui il n'y a plus lieu au paiement de la *crue*.

Chacun des cohéritiers peut demander sa part en nature des meubles et immeubles de la succession ; néanmoins, s'il y a des créanciers saisissans ou opposans, ou si la majorité des cohéritiers juge la vente nécessaire pour l'acquit des dettes et charges de la succession, les meubles sont vendus publiquement en la forme ordinaire. (*Ibid.*, 826).

Les formalités à suivre pour la vente du mobilier sont prescrites par le titre v de la partie IIe, livre 2 du Code de Procédure; si toutes les parties sont majeures, présentes et d'accord, et qu'il n'y ait aucun tiers intéressé, elles ne sont obligées à aucune formalité. (Art. 952. *C. de Pr.*).

Si le partage ne s'opère immédiatement après l'ouverture de la succession et que tous les cohéritiers ne jouissent pas en commun dès l'ouverture de la succession jusques au moment du partage, on conçoit qu'il sera d'autant plus difficile de faire rendre compte des objets mobiliers en nature, qu'il y aura plus de temps écoulé depuis l'ouverture de la succession, surtout à l'égard des objets qui se détériorent par l'usage ou qui sont destinés à être consommés, ainsi qu'à l'égard des bestiaux, dont la valeur peut considérablement augmenter ou diminuer, selon qu'ils sont jeunes ou vieux, bien ou mal soignés, etc...

Ainsi, il est évident que dans ce cas les cohéritiers ne peuvent demander à celui qui est resté dépositaire du mobilier, leur part en nature, que sur les objets qui ont été conservés sans altération, et nullement sur les denrées ou sur les bestiaux, qui ne peuvent plus être les mêmes. Dans ce dernier cas, ils doivent se contenter d'en demander la valeur d'après l'estimation faite ou à faire conformément à l'article 825 du Code civil. Cette estimation doit se rapporter à l'époque de l'ouverture de la succession.

Si les immeubles ne peuvent se partager commodément, il doit être procédé à la vente par licitation devant le tribunal. Cependant les parties, si elles sont toutes majeures, peuvent consentir que la licitation soit faite devant un notaire sur le choix duquel elles s'accordent. (Article 827, *C. c.*).

Lorsque la situation des immeubles aura exigé plusieurs expertises distinctes, et que chaque immeuble aura été déclaré impartageable, il n'y aura cependant pas lieu à licitation, s'il résulte du rapprochement des rapports que la totalité des immeubles peut se partager commodément. (Art. 974, *C. de Pr.*).

La simple inégalité des lots et même la nécessité d'établir une servitude sur l'un en faveur de l'autre, ne suffiraient pas pour faire ordonner la licitation, si d'ailleurs le partage pouvait se faire commodément, puisque, suivant l'article 833 du Code civil, l'inégalité des lots se compose par un retour, soit en rente, soit en argent. Pour que cette licitation soit de rigueur, il faut que le partage ne puisse se faire sans opérer la dépréciation des parties divisées. Un rapport d'experts ou d'arbitres est donc nécessaire pour établir ce fait, s'il y a des mineurs, et même lorsqu'il n'y en a pas, si les majeurs ne sont pas tous d'accord pour partager ou pour liciter.

Après que les meubles et immeubles ont été estimés et vendus, s'il y a lieu, le juge commissaire renvoie les parties devant un notaire dont elles conviennent ou nommé d'office, si les parties ne s'accordent pas sur le choix.

On procède devant cet officier aux comptes que les copartageans peuvent se devoir, à la formation de la masse générale, à la composition des lots et aux fournissemens à faire à chacun des copartageans. (Art. 828, *C. c.*).

Pour former la masse générale d'une succession et procéder à la composition des lots, il faut préalablement statuer sur les prélèvemens à exercer sur les dons et legs mobiliers faits par le défunt, et sur les comptes à faire entre les héritiers des sommes qu'ils peuvent devoir ou avoir le droit de répéter à cause de la succession.

Il est évident que le partage ne peut être fait que sur des choses connues et déterminées et qu'après que les droits respectifs des héritiers ont été fixés.

Le compte à faire entre les cohéritiers porte sur trois objets principaux :

1° Sur ce qui a été reçu à l'occasion de la succession ;

2° Sur ce qui a été dépensé pour la succession ;

3° Sur les dommages causés par un ou plusieurs héritiers sur les biens de la succession.

C'est ce qu'on appelle *Prestations personnelles des héritiers*, dont ils doivent se faire respectivement raison.

1° En regle générale, chaque cohéritier doit partager avec les autres tout ce qu'il a reçu et tout le bénéfice qu'il a fait en raison de la succession.

Ainsi, lorsqu'il lui a été payé quelques sommes ou livré des effets par les fermiers, locataires ou acquéreurs des biens de la succession, ou par tous les autres débiteurs quelconques, il doit en faire compte à ses cohéritiers.

Cependant, si la somme qu'il a reçue ou les effets qui lui ont été délivrés sur une créance de la succession, n'excèdent pas sa portion virile dans cette créance, il n'en doit pas faire raison à ses cohéritiers, à moins qu'il n'ait donné quittance au nom de tous. Il a pu recevoir ce qui lui appartenait pour sa part et portion, et il doit être présumé n'avoir reçu que pour lui, s'il n'y a pas de preuve qu'il ait eu la volonté de recevoir pour tous à compte de la créance totale. Les autres héritiers ont pu se faire payer comme lui. Si le débiteur est devenu insolvable, ils doivent en supporter seuls la perte ; c'est ce qui résulte de la loi 38, ff *Familiæ erciscundæ*.

Si un des héritiers a joui d'un immeuble ou d'un meuble de la succession avant le partage, il doit compte des fruits de l'immeuble et des intérêts de la valeur du meuble à ses cohéritiers.

Si, par le pur effet du hasard, il avait découvert avant le partage un trésor dans les biens de la succession, il serait aussi tenu d'en faire compte à ses cohéritiers et de le rapporter en entier dans la composition de la masse. Il ne pourrait en avoir à lui seul la moitié, comme l'inventeur, celui-ci n'ayant droit à cette moitié que lorsqu'il a fait la découverte du trésor dans le fonds d'autrui.

Le bénéfice qui résulte d'un traité fait, d'un droit exercé ou d'une action formée par un héritier à raison de la succession, doit profiter à tous les cohéritiers. Par exemple, s'il a obtenu d'un créancier de la succession la remise d'une partie de la dette, même par subrogation, elle doit profiter à tous ses cohéritiers.

2° Chaque cohéritier doit rembourser pour sa part et portion les dépenses qui ont été faites par l'un d'eux pour la conservation, l'augmentation ou l'entretien des choses héréditaires, à moins que ces dépenses n'aient pas été utiles à sa succession.

Pour juger de leur utilité il faut se reporter au moment où elles ont été faites. Si à cette époque elles étaient nécessaires ou utiles, le remboursement en est dû, quoique, par évènement postérieur ou imprévu, la succession n'en ait pas profité ; l'héritier qui a fait ces dépenses ne pouvant être responsable et supporter seul la perte causée par des évènemens qu'il ne pouvait prévoir.

Ainsi les dépenses pour réparations faites à un bâtiment qui aura ensuite été incendié, doivent être remboursées, quoique devenues inutiles pour la succession.

Il faut néanmoins distinguer entre les réparations celles qui sont *nécessaires*, celles qui sont *utiles* et celles de *pur agrément.*

Les premières doivent toujours être remboursées.

Les secondes doivent l'être seulement à concurrence de l'augmentation de valeur qu'elles ont donné au moment de leur confection.

Enfin, celles de *pur agrément*, ne doivent être remboursées que tout autant qu'elles auraient augmenté la valeur du fonds et jusques à concurrence de cette augmentation. S'il n'y a pas eu augmentation de valeur, le remboursement ne peut en être exigé.

Dans le premier cas, les dépenses faites par un héritier ne doivent lui être remboursées que jusqu'à concurrence de ce qu'elles ont dû couter. Si, par sa faute ou son inexpérience, il a dépensé plus qu'il n'en aurait coûté à un père de famille prudent et éclairé, il ne peut exiger qu'on lui rembourse l'excédant.

Les dépenses qu'un héritier a faites pour soutenir ou élever des contestations pour la succession, doivent aussi lui être remboursées, à moins qu'elles fussent évidemment mal fondées de sa part.

3° Lorsqu'un héritier a causé du dommage, soit aux affaires soit aux biens de la succession, il doit en indemniser ses cohéritiers.

Ainsi, lorsqu'il a laissé perdre, à défaut de poursuites, une créance dont il s'était chargé de faire le recouvrement, il ne peut se dispenser de faire compte à ses cohéritiers de leur part à cette créance ; lorsqu'il a négligé de réparer ou d'entretenir un bien dont il a joui, et que cette négligence a causé des dégradations, lorsqu'il a coupé soit des arbres fruitiers, soit des arbres de haute futaie et diminué par ce fait la valeur de l'héritage, il doit être tenu d'en faire raison à la succession.

Enfin chaque cohéritier doit être indemnisé du tort qu'il a éprouvé à l'occasion de la succession.

Après que tous les rapports et les prélèvemens ont été faits, s'il y a lieu, ce qui se trouve dans la succession forme la masse à partager ou à liciter.

Pour procéder au partage, on forme de tous les biens mobiliers et immobiliers autant de lots égaux qu'il y a d'héritiers copartageans, s'ils sont tous appelés de leur chef à la succession et si chacun d'eux doit avoir une portion égale; mais s'il y en a qui soient appelés par représentation et non de leur chef, comme le partage en ce cas ne doit pas s'opérer par tête, mais seulement par souche, conformément à l'article 743 du Code civil, on ne doit pas faire autant de lots qu'il y a de personnes appelées à la succession, mais seulement autant qu'il y a de souches copartageantes; il se fera ensuite un partage entre ceux qui viennent par représentation.

Lorsque tous les héritiers viennent de leur chef, mais qu'ils n'ont pas tous des portions égales, s'il y a parmi eux des mineurs, des interdits ou des absens, on ne peut se borner à faire autant de lots qu'il y a d'héritiers, puisque en ce cas l'attribution des lots par le tirage au sort deviendrait impossible, et que le tirage au sort est une formalité nécessaire quand tous les cohéritiers ne sont pas majeurs, présens et non interdits.

Par exemple, si le défunt a laissé pour héritiers son père et deux frères mineurs, aux termes de l'article 751 du Code civil, le père n'a droit qu'au quart de la succession et les trois autres quarts appartiennent aux deux frères. Si la succession n'était divisée qu'en trois lots, parce qu'il n'y a que trois héritiers, l'attribution ne pourrait avoir lieu par le tirage au sort, le père n'ayant pas le droit de prendre un lot entier qui serait composé du tiers de la succession, puisqu'il ne lui appartient que le quart. Il faut donc, pour que le tirage au sort puisse s'effectuer, qu'il soit formé quatre lots égaux dont un échoit au père. Les trois autres sont refondus en deux lots égaux et tirés au sort pour être attribués un à chacun des deux frères.

Il y a bien en ce cas deux partages, mais on ne pourrait les éviter qu'en composant par attribution un lot pour le père ; mais les articles 466 et 831 exigent expressément le partage par la voie du tirage au sort à l'égard des mineurs.

Dans la formation et composition des lots, on doit éviter, autant que possible, de morceler les héritages et de diviser les exploitations, et il convient de faire entrer dans chaque lot, s'il se peut, la même quantité de meubles, d'immeubles, de droits ou de créances de même nature et valeur. (Art. 832, *C. c.*)

Il est très-rare qu'on ne soit forcé, pour procéder au partage, de diviser les exploitations, de morceler quelque pièce de terre ou de faire entrer une plus grande quantité d'une espèce de bien dans un lot que dans un autre; cependant on doit considérer alors si les pertes qui en résultent ne sont pas plus graves que les avantages qu'on peut retirer du partage. Lorsqu'elles sont plus graves, il faut renoncer à la division et faire liciter. C'est le cas de l'application de l'article 827 du code civil, le partage ne pouvant être fait commodément.

Toutes ces considérations doivent être mûrement discutées par les experts, et leur rapport doit servir de règle, s'il est exact et impartial ; mais s'il est possible de composer les lots d'une manière conforme à la disposition de l'article 832 du code civil, les experts ne doivent pas faire une autre composition, à moins que sous d'autres rapports elle ne soit encore plus avantageuse à tous les héritiers. Leur rapport pourrait être attaqué par chaque héritier et rejeté par le tribunal s'il n'en résultait pas de plus grands avantages.

Nous avons déjà vu que l'inégalité des lots doit se composer par un retour, soit en rente soit en argent. Mais les rentes étant des propriétés peu avantageuses, on ne doit en faire la matière du retour que dans le cas où il y a des propriétés de même nature dans le lot qui est chargé de la soulte. Si tous les objets dont ce lot est composé sont aliénables, disponibles, il ne serait pas juste que pour compensation de la valeur d'une partie de ces objets on donnât au lot le plus faible d'autres valeurs moins utiles et dont la disposition serait beaucoup plus difficile.

Lorsque la masse du partage, les rapports et prélèvements à faire par chacune des parties intéressées auront été établies par le notaire, suivant les articles 829, 830 et 831 du Code civil, les lots seront faits par les cohéritiers, s'ils sont tous majeurs, s'ils s'accordent sur le choix et si celui qu'ils auront choisi accepte la commission : dans le cas contraire, le notaire, sans qu'il soit besoin d'aucune autre procédure, renverra les parties devant le juge commissaire, et celui-ci nommera un expert. (Art. 978, *C. de P.*)

Dans la disposition de cet article se trouve renfermée celle de l'article 834 du Code civil.

On a déjà vu que la mission des experts, nommés en exécution des articles 466 et 824 du même code, consiste à estimer les immeubles de la succession, à indiquer s'ils peuvent être commodément partagés, et à fixer, en cas de division, chacune des parts qu'on peut en former.

D'après la disposition de ces deux articles, les experts

n'opèrent donc que sur les immeubles ; ils en composent les lots ou en délibèrent la licitation.

Mais après cette opération, il faut encore rechercher les autres biens de la succession pour les réunir aux immeubles divisés ou au prix des immeubles vendus par licitation ; il faut, en un mot, former la *masse générale* qui doit être partagée entre tous les héritiers. C'est l'objet de l'article 828 du Code civil que nous avons déjà examiné, page 69 et suivantes.

Il semblerait, au premier abord, qu'il y a contradiction entre les articles 466 et 824 du Code civil qui portent que les lots seront composés par les experts choisis par les parties intéressées ou nommés d'office par le tribunal, l'article 828 du même Code qui dit qu'on procède devant un notaire à la compensation des lots, et les articles 834 du même Code et 978 du Code de procédure civile qui portent que les lots seront faits par l'un des cohéritiers ou par un expert nommé par le juge commissaire.

Avec un peu d'examen, on voit : 1o que les articles 466 et 824 du Code civil ne parlent que des lots immeubles ; 2o que l'article 828 du même code ou l'article 976 du Code de procédure, son correspondant, disent qu'on procède devant le notaire ou que les parties sont renvoyées devant le notaire à l'effet de procéder à la composition des lots, et non pas que les lots sonts faits par le notaire. Ce qui prouve évidemment que ce sont les cohéritiers qui procèdent devant le notaire à la composition des lots et que celui-ci ne fait que le constater par procès-verbal ; 3o que les articles 834 du Code civil et 978 du Code de procédure civile, ne sont que les complémens de l'article 828 du Code civil, dans lesquels on a prévu les cas où les cohéritiers ne seraient pas d'accord devant le notaire pour faire les lots.

Mais, quoique les immeubles aient été divisés par les

experts, conformément aux dispositions des articles 466 et 824 du Code civil, la masse générale de la succession n'est pas encore composée, et la composition des lots ne peut avoir lieu définitivement qu'après que cette masse est formée, qu'il a été procédé aux comptes que les copartageants peuvent se devoir, et que les rapports ou prélèvement ont été opérés.

Ainsi, comme il arrive souvent que les immeubles d'une succession ne peuvent être divisés de manière à présenter autant de parties égales en valeur qu'il y a de lots égaux à faire, les inégalités qui résultent de cette division sont régularisées par l'addition d'une quantité plus ou moins grande de mobilier ou de créances, ou d'une part plus ou moins grande de dettes ou charges que la part contributive afférent à chaque copartageant.

La division que font les experts ne porte donc que sur les immeubles, et celle dont il s'agit dans les articles 828 et 834 du Code civil et 976 et 978 du Code de procédure civile porte sur la masse générale de la succession. Donc les articles 466 et 824 ne parlent que des lots d'immeubles, et les 828, 834 du Code civil, 976 et 978 du Code de procédure, sont relatifs aux lots de tous les biens de la succession; donc il n'y a pas contradiction entre eux.

Ce qui confirme ce qui vient d'être dit relativement à la composition des lots, ce sont les dispositions des articles 975 et 976 du Code de procédure civile, desquelles il résulte que, si la demande en partage n'a pour objet que la division d'un ou de plusieurs immeubles, sur lesquels les droits des intéressés soient liquidés, les experts qui procèdent à l'estimation composent les lots ainsi qu'il est prescrit par l'article 466 du Code civil, et que ce n'est que dans les autres cas qu'on procède devant un notaire à la composition des lots.

Ainsi donc, la masse générale étant formée, le cohéritier choisi ou l'expert nommé n'a qu'à ajouter proportionnellement, à chacun des lots d'immeubles formés par les premiers experts, une portion plus ou moins considérable de mobilier, créances, etc. ; ou si un lot en immeubles est plus fort qu'une part virile, dans tous les biens de l'hérédité, il le chargera d'un retour en rentes ou en argent ainsi qu'il est prescrit par l'article 833 du Code civil ; de telle sorte que chaque lot, en y comprenant le retour, soit égal en valeur.

Il serait bien absurde de penser que lorsque les biens d'une succession se composent d'immeubles, de mobilier, de créances, etc., la division de tous ces biens ne dût être faite que par un seul expert, tandis que, lorsqu'il ne s'agit que du partage d'un immeuble, le législateur a ordonné que ce partage serait fait par trois experts. (Art. 303 et 975 du Code de procédure civile.)

Néanmoins, la loi 2 juin 1841 donne la latitude aux juges qui ordonnent une expertise de ne nommer qu'un seul expert ; mais cet expert, s'il est nommé à suite d'une demande en partage pour estimer les biens, devra procéder à la division des immeubles, conformément à ce qui est prescrit par les articles 466 et 824 du Code civil.

Il est donc évident que c'est toujours aux experts chargés de l'estimation des immeubles à faire la division, c'est-à-dire les lots immobiliers, et que dans aucuns cas l'héritier choisi ou l'expert nommé par le commissaire ne peut morceler les lots composés par les premiers experts.

Avant de procéder au tirage des lots, chaque copartageant est admis à proposer les réclamations contre leur formation. (Art. 835, *C. c.*)

Ces réclamations sont portées devant le juge commissaire, qui reçoit les observations diverses des parties et en réfère au tribunal, s'il ne peut concilier. — Le tribunal statue sur les réclamations et peut, dans le cas où il les trouve fondées, ordonner une autre formation des lots. (*Comm.* de Chabot, p. 379, édition de 1804.)

Ces réclamations ne peuvent être basées que sur des erreurs graves, comme par exemple, si les lots ne comprenaient pas tous les biens à partager, s'ils étaient bien évidemment inégaux en valeur, si on avait beaucoup trop morcelé les héritages ou divisé les exploitations, et si on n'avait pas fait entrer dans chaque lot la même quantité de meubles, d'immeubles, de droits ou de créances de même nature et valeur autant que faire se pouvait.

Toute personne, même parente du défunt, qui n'est pas son successible et à laquelle un cohéritier aurait cédé son droit à la succession, peut être écartée du partage, soit par tous les cohéritiers, soit par un seul, en lui remboursant le prix de la cession. (Art. 841, *C. c.*)

Les motifs de cette disposition étant de pouvoir empêcher un étranger de s'immiscer dans les affaires ou les secrets de famille, on ne pourrait se prévaloir de cet article pour écarter du partage un étranger auquel on aurait cédé simplement le droit à un objet déterminé, comme par exemple à un immeuble, à un corps de domaine, etc.

## § 4. *Du paiement des dettes.*

Les cohéritiers contribuent entre eux au paiement des dettes et charges de la succession, chacun dans la proportion de ce de qu'il y prend. (Art. 870, *C. c.*)

Les charges de la succession comprennent les frais de funérailles, ceux d'inventaire, de liquidation et de partage.

Les droits de mutation ne sont pas considérés comme charges ni comme dettes de la succession, attendu qu'ils doivent être payés par chacun suivant sa qualité d'héritier, et que le taux en est différent pour chaque qualité d'héritier ou de donataire.

Cette distinction bien comprise, le sens de l'article 870, que nous venons de rapporter, ne peut contenir plus rien d'obscur; et nous aurions cru complètement inutile d'en parler davantage si, dans le cours d'un arbitrage, nous n'avions pas vu élever, par notre co-arbitre, des difficultés sur le mode de paiement des dettes entre cohéritiers. Il s'agissait du partage d'une succession en ligne directe descendante entre trois frères. L'un d'eux était donataire du quart à titre de préciput des immeubles seulement, l'état estimatif des effets mobiliers exigé par l'article 948 du Code civil n'ayant pas été annexé à la minute de la donation.

Sous le prétexte que les dettes passives étaient mobilières, comme les créances, il prétendit qu'elles devaient être payées dans la proportion de la part de chaque cohéritier dans le mobilier de la succession. Le tiers arbitre embrassa cette opinion quelque injuste qu'elle fût.

L'absurdité de cette décision est des plus évidentes. Il est assez clair, d'après la disposition de l'article 870 précité, que les dettes doivent être payées par les cohéritiers dans la proportion de ce que chacun prend dans la succession, que ce soit en immeubles ou en mobilier, etc. « Que les « dettes soient mobilières ou immobilières peu importe, » chaque cohéritier doit y contribuer puisqu'il succède, » dans tous les cas, aux biens meubles comme aux im- » meubles, sans aucune distinction. » (Chabot, *Comm.* » p. 592.)

Si le législateur eût voulu que les dettes et charges de la

succession fussent payées dans la proportion du mobilier que chaque cohéritier prend dans la succession, il n'eût pas employé l'expression générique *de ce qu'il y prend.* Il est donc bien clair que le législateur veut que les dettes et charges d'une succession soient payées par chaque cohéritier dans la proportion de ce qu'il prend dans cette succession, soit en immeubles, soit en mobilier, soit en créances, etc.

Ainsi donc, pour trouver cette proportion, il faut évaluer les immeubles, le mobilier, les créances, etc. ; en un mot toute la masse active de la succession ; faire la part de chaque cohéritier et comparer la valeur de chaque part, composée indistinctement d'immeubles ou de mobilier, à la valeur totale de la masse active de la succession. Un exemple éclaircira tout ce que pourrait renfermer d'obscur ce que nous venons dire.

Supposons les immeubles d'une succession de valeur de........................................ 32,000 fr.

Et le mobilier de valeur de............ 9,000

Le total de la valeur de la masse active sera. 41,000 fr.

Il y a trois cohéritiers dont un donataire du quart des immeubles seulement ; il aura à lui seul la moitié de la valeur des immeubles, ci................................ 16,000 fr.

Mais il n'aura que le tiers du mobilier, ci.................................... 3,000

Il prendra donc dans la masse active de la succession.............................. 19,000 fr.

Tandis que chacun des autres n'aura que le quart des immeubles et le tiers du mobilier ou une valeur de.................. 11,000 fr.

Comparant maintenant la valeur de ce que chaque cohéritier prend dans la succession à la valeur totale de la masse active de cette succession, nous trouverons, pour le donataire du quart des immeubles à titre de préciput, la proportion exprimée par la fraction 19000/41000, ou, plus simplement, 19/41, et pour chacun des autres la proportion exprimée par la fraction 11000/41000, ou, plus simplement, 11/41. Ces fractions expriment les quatre parts des dettes ou charges de cette succession à la charge de chaque cohéritier.

Ainsi, pour avoir la part des dettes à la charge du donataire du quart des immeubles, il faudrait multiplier le montant des dettes et charges de la succession par 19 et diviser le produit par 41. Le quotient exprimerait cette part de dettes. Et pour avoir la part de chacun des autres, il faudrait multiplier le montant des dettes par 11 et diviser le produit par 41. Le quotient exprimerait la part de chacun de ces derniers.

Enfin, pour s'exprimer d'une manière plus générale, pour connaître les quote-part de dettes et charges d'une succession quelconque à la charge de chaque cohéritier, il faut multiplier le montant de toutes ces dettes et charges par la part que chaque cohéritier prend dans la masse active de la succession, et diviser ensuite ce produit par le total de cette masse active. Le chiffre du quotient sera celui des dettes à la charge de chaque cohéritier.

Nous venons de parler, au commencement de ce paragraphe, de l'état estimatif des effets mobiliers exigé par l'article 948 du Code civil pour la validité de la donation de ces mêmes effets; cet état n'est point nécessaire pour les bestiaux et ustensiles servant à faire valoir les terres qui font l'objet de la donation. (Conséquence de l'article 1064 du Code civil.)

Voici ce que dit à ce sujet M. Grenier, dans son *Traité de donation*, tom. 1, p. 379, édit. 1807 : « Par rapport » aux animaux attachés à la culture, aux ustensiles ara- » toires, aux semences données aux fermiers ou colons » partiaires, et autres objets énononcés dans l'article 524 » du Code civil, il semblerait d'abord devoir résulter une » décision différente de ce que ces objets sont mobiliers de » leur nature, qu'ils peuvent être enlevés sans attaquer la » substance de l'immeuble. Cependant, par cela seul que » la loi les déclare immeubles par destination, j'incline à » penser que l'état n'est pas nécessaire. »

Cet auteur aurait pu étayer son opinion de la disposition de l'article 1064 du Code civil que nous venons de rapporter.

L'état estimatif n'est pas nécessaire dans une donation des biens présents et à venir.

Le légataire à titre universel contribue, avec les héritiers, au prorata de son émolument ; mais le légataire particulier n'est pas tenu des dettes et charges, sauf, toutefois, l'action hypothécaire sur l'immeuble légué. (Art. 871. *C. c.*)

Si le légataire particulier est un successible, il est tenu de contribuer au paiement des dettes, conformément au sens de l'article 870 précité ; l'article 871 ci-dessus ne peut s'appliquer qu'au légataire étranger. Celui-ci est néanmoins tenu du paiement de la dette qui grève, par hypothèque spéciale, l'immeuble légué. (Conséquence déduite de la combinaison des articles 871 et 1020 du Code civil.) sauf son recours contre les héritiers ou contre ses autres successeurs universels ou à titre universel.

Le légataire universel qui sera en concours avec un héritier auquel la loi réserve une quantité des biens, sera tenu des dettes et charges de la succession du testateur, personnellement pour sa part et portion et hypothécairement pour le tout ; et il sera tenu d'acquitter tous les legs, sauf le cas de réduction, ainsi qu'il est expliqué aux articles 926 et 927. (Art. 1009. *C. c.*)

La même disposition s'applique au légataire à titre universel, quant au paiement des dettes. (Ibid, 1012.)

Dans ces deux derniers cas il faudrait procéder à la division des dettes, comme il est prescrit par l'article 870 ; c'est-à-dire considérer les légataires universels ou à titre universel comme des cohéritiers.

Le legs universel est la disposition testamentaire par laquelle le testateur donne à une ou plusieurs personnes l'universalité des biens qu'il laissera à son décès. (Art. 1003. *C. c.*)

Le legs à titre universel est celui par lequel le testateur lègue une quote-part des biens dont la loi lui permet de disposer, telle qu'une moitié, un tiers, un quart, ou tous ses immeubles, ou tout son mobilier. Tout autre legs ne forme qu'une disposition à titre particulier. (Ibid. 1010.)

FIN DE LA PREMIÈRE PARTIE.

# DEUXIÈME PARTIE.

# Deuxième Partie.

## DES SERVITUDES.

—

### CHAPITRE PREMIER.

——

#### CARACTÈRES GÉNÉRAUX DES SERVITUDES.

Une servitude est une charge imposée sur un héritage pour l'usage et l'utilité d'un héritage appartenant à un autre propriétaire. (637. *C. c.*)

Elle dérive ou de la situation naturelle des lieux, ou des obligations imposées par la loi, ou des conventions entre les propriétaires. (639. *C. c.*)

Les servitudes sont établies ou pour l'usage des bâtiments ou pour celui des fonds de terre. — Celles de la première espèce s'appellent *urbaines*, soit que les bâtiments auxquels elles sont dues soient situés à la ville ou à la campagne. — Celles de la seconde espèce se nomment *rurales*. (687. *C. c.*)

Les servitudes sont ou continues ou discontinues. —

Les servitudes *continues* sont celles dont l'usage est ou peut être continuel sans avoir besoin du fait actuel de l'homme; tels sont les conduites d'eau, les égouts, les vues et autres de cette espèce. — Les servitudes *discontinues* sont celles qui ont besoin du fait actuel de l'homme pour être exercées ; tels sont les droits de passage, puisage, pacage et autres semblables. (688. *C. c.*)

Les servitudes sont *apparentes* ou *non apparentes*. — Les servitudes *apparentes* sont celles qui s'annoncent par des ouvrages extérieurs, tels qu'une porte, une fenêtre, un aqueduc. — Les servitudes *non apparentes* sont celles qui n'ont pas de signe extérieur de leur existence comme, par exemple, la prohibition de bâtir sur un fonds, ou de ne bâtir qu'à une hauteur déterminée. (689. *C. c.*)

——

# CHAPITRE DEUXIÈME.

—

## COMMENT S'ÉTABLISSENT LES SERVITUDES.

Les servitudes *continues* et *apparentes* s'acquièrent par titre ou par la possession de trente ans. (690 )

Les servitudes *continues non apparentes* et les servitudes *discontinues apparentes* ou *non apparentes,* ne peuvent s'établir que par titres. — La possession, même immémoriale, ne suffit pas pour les établir , sans cependant qu'on puisse attaquer aujourd'hui les servitudes de cette nature, déjà acquises par la possession, dans les pays ou elles pouvaient s'acquérir de cette manière. (691. *C. c.)*

Nous ferons remarquer, au sujet des servitudes de cette nature qui pouvaient s'acquérir par la possession dans certains pays, qu'il faut que cette possession ait eu lieu antérieurement à la promulgation du titre IV du livre II du *Code civil* (10 février 1804), et qu'il ne suffirait pas que cette possession eût seulement commencé avant cette époque; nous pouvons même dire qu'il est presque impossible d'établir aujourd'hui cette possession, et c'est toujours à celui qui excipe d'un droit de cette nature à prouver cette possession.

La destination du père de famille vaut titre à l'égard des servitudes *continues* et *apparentes*. (692. C. *c.*)

Dans ce cas la possession de trente ans n'est donc pas

nécessaire, et la destination du père de famille peut la remplacer.

Il n'y a destination du père de famille que lorsqu'il est prouvé que les deux fonds, actuellement divisés, ont appartenu au même propriétaire, et que c'est par lui que les choses ont été mises dans l'état duquel résulte la servitude. (693. C. c.)

Si le propriétaire de deux héritages, entre lesquels il existe un signe apparent de servitude, dispose de l'un des héritages sans que le contrat contienne aucune convention relative à la servitude, elle continue d'exister activement ou passivement en faveur du fonds aliéné ou sur le fonds aliéné. (694. C. c.)

La disposition de cet article trouve surtout son application sur les fonds provenant des partages d'une succession, et sur lesquels il existe des signes apparents de servitudes même discontinues. Nous en parlerons dans le chapitre suivant.

Le titre constitutif de la servitude, à l'égard de celles qui ne peuvent s'acquérir par la prescription, ne peut être remplacé que par un titre récognitif de la servitude, et émané du propriétaire du fonds asservi. (695.)

Quand on établit une servitude, on est censé accorder tout ce qui est nécessaire pour en user. — Ainsi, la servitude de puiser de l'eau à la fontaine d'autrui emporte nécessairement le droit de passage. (696. C. c.)

Néanmoins, celui à qui la servitude est due n'a pas le droit de la rendre plus onéreuse par l'abus qu'il pourrait en faire ; par exemple, si la fontaine à laquelle on a droit de puisage se trouve dans une maison, ou une cour ou un jardin où l'on ne soit dans l'usage d'entrer que par une porte, celui qui exerce le droit de servitude doit être tenu de refermer la porte qui lui ouvre passage.

## CHAPITRE TROISIÈME.

---

### DES SERVITUDES RELATIVES AUX EAUX.

Les fonds inférieurs sont assujétis, envers ceux qui sont plus élevés, à recevoir les eaux qui en découlent naturellement sans que la main de l'homme y ait contribué. — Le propriétaire inférieur ne peut point élever de digue qui empêche cet écoulement. — Le propriétaire supérieur ne peut rien faire qui aggrave la servitude du fonds inférieur. (640. C. c.)

Il résulte de la disposition de cet article : 1° Que le propriétaire du fonds inférieur ne peut rien faire qui empêche l'écoulement des eaux du fonds supérieur ; 2° Que le propriétaire du fonds supérieur ne peut rien faire qui aggrave la servitude de cet écoulement sur le fonds inférieur.

Ainsi, il n'est pas permis au propriétaire inférieur de faire, de construire sur son fonds ni sur celui de son voisin, des ouvrages tendant à faire refluer les eaux sur le fonds supérieur, pour s'affranchir de la servitude d'écoulement dont son fonds se trouve grevé naturellement. Il n'a pas même ce droit, alors que le fonds supérieur n'en éprouverait aucun dommage, si les ouvrages détournaient les eaux sur la propriété du voisin. Dans ce dernier cas, il n'y aurait que le voisin qui eût le droit de se plaindre, puisque le propriétaire du fonds supérieur n'en éprouverait aucun préjudice.

De ce que le propriétaire du fonds supérieur ne peut rien faire qui aggrave la servitude du fonds inférieur, il s'en suit qu'il n'a pas le droit d'introduire dans son fonds la moindre quantité d'eau qui n'y arriverait pas naturellement, à moins qu'il ne trouve le moyen de remettre le superflu de cette eau dans le cours qu'elle aurait suivi si cette eau n'avait pas été détournée.

Ainsi, il n'est pas permis au propriétaire supérieur de pratiquer des digues transversales sur le chemin qui longe sa propriété pour que, en temps de pluie, les eaux qui en découlent servent à arroser son fonds, quoique ces eaux soient, en général, un excellent engrais, surtout lorsqu'elles découlent des rues d'un village ou d'une ville; car il pourrait arriver qu'à suite d'une grande pluie la servitude fût considérablement aggravée, ce qui est expressément défendu par l'article 640 précité.

« En un mot, rien de ce qui augmenterait la servitude » et la rendrait plus onéreuse n'est permis à celui qui en » use.

» Cependant, si le fonds assujetti souffre quelque dom- » mage par une *suite naturelle de la servitude*, si un hé- » ritage inférieur est inondé par un torrent auquel une » prise d'eau donne passage; si le toit de celui qui reçoit » des eaux pluviales est endommagé par la suite d'une » pluie extraordinaire, celui à qui est due la servitude n'est » pas tenu des pertes qui en seraient la suite, à moins » qu'il n'ait fait à l'état des lieux quelque changement » que n'autoriserait pas le titre constitutif et que ce chan- » gement n'ait été l'occasion du dommage. » (Pardessus, N° 57.)

Le propriétaire supérieur n'a pas non plus le droit de réunir sur un même point, à la sortie de son fonds, une quantité d'eau quelconque, si cette quantité, ainsi réunie, est capable de causer au propriétaire du fonds inférieur un dommage plus considérable que celui qu'elle causerait étant divisée suivant la pente naturelle ; mais le propriétaire inférieur n'a pas le droit de se plaindre de ce que telle direction des sillons du fonds supérieur lui est plus préjudiciable que telle autre. On ne saurait assujétir le propriétaire du fonds supérieur à se conformer au caprice du propriétaire inférieur pour la manière dont il doit cultiver sa propriété.

» Mais il n'est pas juste que le caprice ou le dessein de » nuire se couvre du voile de l'intérêt. Si l'on peut faire » tout ce qu'on veut sur soi, tant qu'on ne nuit point à » autrui, on ne peut agir dans le seul but de faire du tort, » et l'utilité de la culture doit être, aux yeux de la loi, » l'excuse de cet accroissement de dommage causé au fonds » inférieur. (Pardessus, N° 86.)

» Il n'y a de défendu que les ouvrages dont l'objet se» rait principalement de faciliter sur le sol inférieur l'é» coulement des eaux qui n'y seraient pas tombées sans » ces travaux ou qui n'y seraient pas tombés d'une » manière aussi dommageable pour le fonds inférieur. » (Solon, N° 23.)

Si le propriétaire supérieur avait fait des ouvrages apparents, soit pour augmenter sur son fonds la quantité d'eau qui s'y trouvait ou qui y serait arrivée naturellement, soit pour réunir l'eau sur un même point à la sortie de son fonds et la diriger sur le fonds inférieur, et que le propriétaire inférieur eût souffert pendant trente ans sans se plaindre cet aggravement de servitude, celui-ci ne serait plus admissible à faire remettre les lieux dans leur état primitif. C'est une conséquence de la disposition de l'article 690 du Code civil déjà cité dans le chapitre précédent, la servitude dont il est ici question étant une servitude continue et apparente.

La servitude naturelle de l'écoulement des eaux n'est pas réciproque; quoique le propriétaire du fonds supérieur ait des droits sur le fonds inférieur, le propriétaire du fonds inférieur peut être privé des eaux du fonds supérieur. La disposition de l'article 641 du Code civil que nous allons rapporter en est la preuve. Ainsi le propriétaire du fonds supérieur peut disposer de cette eau en faveur de tout autre propriétaire quelconque.

Celui qui a une source dans son fonds peut en user à sa volonté, sauf le droit que le propriétaire du fonds inférieur pourrait avoir acquis par titre ou par prescription. (641. *C. c.*)

La prescription, dans ce cas, ne peut s'acquérir que par une jouissance non interrompue pendant l'espace de trente années, à compter du moment où le propriétaire du fonds inférieur a fait et terminé des ouvrages apparents destinés à faciliter la chute et le cours de l'eau dans sa propriété. (642. C. *c.*)

La disposition des deux articles que nous venons de rapporter s'applique également aux sources qui ne coulent qu'à certaines époques et à celles qui ne tarissent jamais.

La prescription que l'on peut acquérir, d'après l'article 642 que nous venons de citer, ne commence à courir que du jour où les ouvrages ont été terminés. Peu importe que ces ouvrages aient été faits sur le fonds supérieur ou sur le fonds inférieur, et que les deux héritages soient ou ne soient pas contigus, il suffit que les ouvrages existent pour faire courir la prescription, quoique le fonds dominant et le fonds servant ne soient pas placés immédiatement l'un au-dessus de l'autre. Tel est, du moins, l'avis des jurisconsultes.

Lorsque la prescription est acquise par l'existence des

ouvrages pendant trente ans, la servitude devient réciproque, c'est-à-dire que le propriétaire du fonds supérieur a droit de laisser couler ses eaux, suivant la direction des travaux existant, sur le fonds inférieur, et que le propriétaire inférieur a droit à ces eaux et à une action directe contre ceux qui voudraient l'en priver. (Arrêts du parlement de Toulouse du 5 juin 1762, rapporté par Solon, N° 37.)

Ce que nous venons de dire relativement à la prescription ne s'applique nullement aux eaux pluviales ou vicinales qui séjournent ou passent dans les lieux publics, parce qu'elles sont hors du commerce et conséquemment imprescriptibles, suivant la disposition de l'article 2226 du Code civil.

« Elles sont *res nullius*, dit M. Troplong : elles appar-
» tiennent au premier occupant, et nul ne pourrait se
» créer, par la prescription, un droit privatif à les faire
» tomber dans sa propriété. La raison de ceci est qu'on ne
» s'en sert que comme habitant faisant partie du public,
» pour l'utilité duquel la nature les fait couler. Quand
» même on aurait pratiqué des ouvrages pour en faciliter
» l'écoulement chez soi, on n'aurait pas rendu sa condi-
» tion meilleure, et l'on se trouverait dans une position
» identique à celle où l'on était auparavant ; car les tra-
» vaux d'écoulement ne seraient qu'un moyen de faciliter
» l'exercice du droit acquis à tout particulier ; ce serait le
» droit du premier occupant rendu plus commode ; mais il
» n'est pas moins vrai qu'on n'aurait rien acquis de plus que
» le droit d'user de ces eaux, comme habitant, comme frac-
» tion du public. Tout autre habitant aurait un droit égal
» si, le premier, il s'emparait de ces eaux, propriété de
» tous. » (Troplong, de la *prescription*, t. 1, p. 234; 2me édition.)

Cet auteur, après avoir cité quelques arrêts conformes à ces principes, combat l'opinion de M. Duranton en ces termes :

« Après avoir soutenu que les eaux vicinales sont *res* » *nullius*, M. Duranton croit à la destination du père de » famille, lorsque le propriétaire de deux héritages a fait » des canaux pour les arroser, l'un et l'autre, avec les » eaux pluviales coulant d'un chemin. Suivant lui, la ser- » vitude s'annonçant par un fossé, serait apparente et » même continue, bien qu'il ne pleuve pas toujours, puis- » que le fait de l'homme ne serait pas nécessaire pour son » exercice. Mais, à mon sens, l'erreur est palpable. » L'existence du canal est entièrement subordonnée à la » prise d'eau ; si le droit de prendre de l'eau est précaire, » le fossé ne saurait avoir une existence assurée ; le droit a » l'eau s'évanouissant, le fossé n'a plus de cause ; il n'est » qu'une charge inutile, et rien n'empêche de le suppri- » mer. Or, est-il possible de concevoir un droit de prise » d'eau sur des eaux publiques, sur des eaux dont on » n'use que comme habitant faisant partie du public, et » qu'un autre habitant peut épuiser au même titre, s'il est » premier occupant (1).

» Ces principes, continue M. Troplong, seraient-ils ap- » plicables si les eaux pluviales ne coulaient pas d'un » chemin public, mais tombaient d'un héritage privé dans » un autre héritage privé? Le propriétaire inférieur qui

(1) Un arrêt de la chambre civile, du 21 juillet 1845, a décidé, contrairement à l'opinion de M. Troplong, que les eaux pluviales, bien qu'elles ne soient pas susceptibles d'une possession exclusive, ni, par conséquent, d'aliénation, tant qu'elles coulent sur la voie publique, peuvent, après avoir été introduites dans le fonds d'un particulier, être concédées par lui à son voisin. La même opinion est enseignée par MM. Pardessus et Duranton, jugé de même par le tribunal civil de Ruffec le 14 janvier 1845. Ce jugement a été confirmé, sur l'appel, par la cour de Bordeaux, le 7 janvier 1846.

» aurait fait des ouvrages pour recevoir et diriger les eaux » pluviales contenues dans le fonds supérieur acquerrait-» il, par la possession de trente ans, un droit de pres-» cription ?

» L'affirmative me paraît certaine, quoique M. Duran-» ton enseigne le contraire.

» Les eaux pluviales appartiennent, par droit d'occupa-» tion, à celui qui les reçoit du ciel sur son fonds; elles » constituent pour lui une propriété exclusive et souvent » avantageuse. Après les sècheresses, les eaux de pluie » sont un bienfait inappréciable pour la culture des jar-» dins, pour l'irrigation des prés, etc. Dans les pays où les » sources vives sont rares, les eaux pluviales qui les rem-» placent en quelque sorte, sont recueillies avec un soin » particulier et conservées avec de nombreuses précau-» tions artificielles, afin de féconder les terres. Ainsi, » dans l'hypothèse donnée, non-seulement elles ne sont » pas *res nullius*, mais on ne doit même pas les regarder » comme ces choses sans valeur et sans utilité, que le » propriétaire dédaigne ; elles ont une véritable importan-» ce, elles ont un prix certain. Pourquoi donc la prescrip-» tion ne pourrait-elle pas les atteindre? Serait-ce parce » que la posession de celui qui pendant trente ans les au-» rait prises dans le fonds supérieur, serait empreinte » d'un caractère de familiarité ? Mais on ne permet, en » général, de prendre à titre précaire que ce dont on n'a » pas besoin ; et ici les eaux pluviales, au lieu d'être un » superflu qui manque d'emploi, sont au contraire une » propriété nécessaire et précieuse. Loin de les laisser » perdre, on les rassemble, on les dirige, on les utilise. » La familiarité n'est donc pas à supposer. D'ailleurs, les » ouvrages faits pour le détournement de l'eau, ouvrages » permanents et apparents, excluent toute idée de provi-» soire et de tolérance. Enfin, ce n'est pas en fait que

» nous examinons la question et que nous pouvons la dis-
» cuter. Les faits varient à l'infini : tantôt ils excluent
» la familiarité, tantôt ils marchent de concert avec elle.
» Nous raisonnons ici en droit et nous supposons que la
» jouissance n'a pas été précaire. Or, je crois pouvoir me
» permettre cette supposition, parce qu'il ne répugne nul-
» lement à la nature des choses que la prise d'eau de pluie
» sur le fonds voisin soit un acte de possession fait *animo*
» *domini*. L'eau de pluie, réunie dans des réservoirs ou
» dirigée dans des canaux d'irrigation, a souvent autant de
» prix que l'eau vive, et des propriétaires voisins peuvent
» se la disputer avec la même jalousie. C'est ce qu'avait
» très bien senti le deuxième projet du *Code rural*, art.
» 121 : « Le propriétaire du fonds supérieur a droit de
» profiter des eaux pluviales avant le propriétaire inférieur,
» et sans que ce dernier puisse y mettre aucun obstacle.
« Le propriétaire inférieur ne pourra se prévaloir, à cet
» égard, d'aucune possession contraire qui ne serait fon-
» dée que sur le non usage du propriétaire supérieur, *et*
» *ne serait appuyée d'aucun ouvrage apparent fait par*
» *lui depuis un temps suffisant pour prescrire.* »

M. Troplong, après avoir passé en revue la rigueur de la loi romaine et la doctrine de plusieurs jurisconsultes français, ajoute : « Les propriétaires inférieurs sont assujettis, par la
» situation des lieux, à recevoir les eaux pluviales qui s'é-
» coulent naturellement. C'est là une servitude qui peut être
» onéreuse quand il y a surabondance d'eaux. Eh bien !
» la raison et l'équité ne conseillent-elles pas d'admettre
» une sorte de réciprocité, et de sanctionner, à titre d'in-
» demnité, le droit de grever le fonds supérieur d'une
» servitude pour détourner ces eaux quand elles peuvent
» être utiles à l'agriculture ? Les deux héritages seront
» alors dans une position à peu près égale. De même que
» la situation des lieux impose une charge au profit du

» fonds supérieur, de même le travail de l'homme en im-
» posera une autre d'une nature différente au profit du
» fonds inférieur : tout le dommage ne sera pas reporté
» d'un seul côté, et l'une et l'autre propriété auront tour
» à tour un avantage et un service à se réclamer respecti-
» vement.

» Après cela, ce sera au juge à examiner les faits de
» la cause, à discerner les circonstances qui présenteront
» de la familiarité de celles qui en sont exemptes. Tout ce
» que j'ai voulu, c'est de protester contre ce qu'il y a de
» beaucoup trop absolu, et souvent même de faux, dans la
» doctrine de ceux qui établissent qu'en principe les eaux
» pluviales, recueillies dans un héritage privé, sont hors du
» commerce. »

D'après les principes émis par M. Troplong, et que nous venons de rapporter, il n'est pas douteux que dans beaucoup de cas la disposition de l'article 694 du Code civil ne doive recevoir son application au sujet des eaux pluviales : « Cet article, dit M. Pardessus, se sert du mot
» générique *dispose*; d'où il suit qu'à quelque titre qu'un
» des deux héritages sorte des mains du propriétaire, l'é-
» tat apparent des lieux se transforme en servitude. Ce
» n'est pas par suite du principe que les servitudes suivent
» les fonds, en quelques mains qu'ils passent, *puisque*
» *nul ne peut se devoir des servitudes*, mais par une juste
» et légitime présomption de volonté, que font naître et le
» silence de celui qui dispose et la bonne foi de celui qui
» voyant les lieux en *tel état* a dû, naturellement, croire
» qu'ils lui étaient ainsi transmis.

» Il n'est pas douteux qu'il doive en être de même lors-
» que deux cohéritiers ou même deux copropriétaires ont
» partagé entre eux, sans aucune restriction, divers héri-
» tages dont l'un servait l'autre : ils jouissent séparément
[illegible], l'eau qui leur est nécessaire ; mais si les ordi-

» de ces deux héritages dans l'état où ils étaient lorsqu'un » même propriétaire les réunissait. »

Ainsi, par exemple, lorsque les eaux pluviales se réunissant dans un fossé qui entoure un ancien château sont reçues en coulant par la pente naturelle du fossé, par un ou plusieurs aqueducs qui les conduisent dans un fonds inférieur appartenant au propriétaire du château, et que par l'effet d'un partage ou d'une vente, le fonds inférieur passe entre les mains d'un copartageant ou d'un acquéreur, sans que l'acte de partage ou de vente renferme une convention relative aux eaux pluviales du fossé, les autres copartageants ou coacquéreurs n'ont pas le droit de détourner ces eaux pour se les approprier, soit par la construction de certains ouvrages qui intercepteraient leur écoulement naturel, soit par des saignées pratiquées dans les berges du fossé, tendant à leur donner une toute autre direction.

On conçoit, en effet, que s'il en était autrement, l'égalité des lots pourrait être gravement compromise. C'est dans ce sens que Solon interprète l'article 694 du Code civil, N° 389 et suivants ; c'est aussi dans le même sens que le décide Lepage, p. 300 et suivantes.

Celui dont la propriété borde une eau courante, autre que celle qui est déclarée dépendance du domaine public par l'article 538 au titre de la distinction des biens, peut s'en servir à son passage pour l'irrigation de ses propriétés. Celui dont cette eau traverse l'héritage peut même en user dans l'intervalle qu'elle y parcourt, mais à la charge de la rendre, à sa sortie de ses fonds, à son cours ordinaire. (644, C. c.)

S'il s'élève une contestation entre les propriétaires auxquels ces eaux peuvent être utiles, les tribunaux en prononçant, doivent concilier l'intérêt de l'agriculture avec le respect dû à la propriété, et dans tous les cas les réglements particuliers et locaux sur le cours et l'usage des eaux doivent être observés. (645, C. c.)

L'emploi des eaux est d'un usage si fréquent et si important, en agriculture, qu'il s'élève journellement à ce sujet des contestations qui donnent lieu, le plus souvent, à des procès très dispendieux et quelques fois même ruineux. Celui dont la propriété borde une eau courante d'un côté seulement, a, dans le propriétaire de la rive opposée, un copropriétaire du lit du cours d'eau qui peut avoir le même intérêt que lui à s'en servir. C'est alors le cas de l'application de l'article 645 du Code civil que nous venons de rapporter, et d'accorder à chacun d'eux une quantité d'eau proportionnée à leurs besoins. Mais si la propriété de l'un des deux riverains se trouvait placée de telle sorte que la hauteur de la rive le mît dans l'impossibilité de faire arroser sa propriété, celui-ci n'aurait pas le droit de s'opposer à ce que le propriétaire de l'autre rive construisît en travers du cours d'eau une digue qui s'appuierait sur les deux rives, pourvu, toutefois, que cette construction ne pût causer aucun dommage au propriétaire de la rive opposée.

« C'est une maxime d'équité naturelle qu'on ne peut se refuser à l'utilité d'autrui, quand on n'en éprouve aucun désavantage réel. C'est cette règle, qu'on ne doit jamais perdre de vue, qui aide à déterminer quand on peut permettre à celui qui est obligé de souffrir une servitude, ce qu'il pourrait cependant interdire à celui qui a droit de l'exercer ; ou permettre à celui-ci ce que l'autre n'aurait pas la liberté de faire sans son consentement. » (Pardessus, No 71.)

Le propriétaire d'une source ne peut en changer le cours lorsqu'il fournit aux habitants d'une commune, village ou hameau, l'eau qui leur est nécessaire; mais si les habitants n'en ont pas acquis ou prescrits l'usage, le propriétaire peut réclamer une indemnité, laquelle est réglée par experts. (643. C. *c.*)

Cette indemnité ne doit pas être basée sur les avantages que la commune, le village ou le hameau pourront retirer de l'usage de ces eaux, mais sur le préjudice que pourra éprouver le propriétaire s'il cesse d'avoir la libre disposition de la source. L'indemnité, autrement, pourrait être ruineuse et incalculable. (Pardessus, N° 137, et Lepage, p. 20.)

Quoique la disposition de l'article 643 du Code civil paraisse exiger que l'eau soit nécessaire aux habitants d'une localité pour qu'on ne puisse leur en refuser l'usage, il est cependant admis généralement qu'une nécessité *absolue* ne peut pas être exigée. Si, par exemple, l'eau que la commune pourrait se procurer ailleurs était trop éloignée, si la source se trouvait dans un endroit dangereux, ces difficultés doivent être pesées par le juge et peuvent souvent équivaloir à la nécessité voulue par l'article 643 précité. (Solon, N° 41.)

Néanmoins, malgré les droits qui peuvent être acquis, soit par des propriétaires du fonds inférieur, soit par des habitants de commune ou section de commune relativement à la source qui se trouve sur le fonds d'un voisin, et nonobstant l'opinion de quelques juriconsultes, notamment de Proudhon, dans son *Traité du domaine public*, N° 1547, la cour de cassation a pensé que, conformément à l'article 552 du Code civil, la propriété du sol emportant la propriété du dessus et du dessous, le propriétaire pouvait faire au-dessous toutes les constructions et fouilles qu'il jugerait à propos, et tirer de ces fouilles tous les produits qu'elles pourraient lui fournir, sauf les modifications apportées par la loi ; que si l'article 643 modifiait le droit de propriété, il le faisait uniquement pour le cas où le propriétaire avait sur son fonds une source qui y surgissait et dont les eaux étaient nécessaires au besoin d'une commune; que dans ce cas limité, le propriétaire de ce fonds ne pouvait détourner le cours des eaux au préjudice de la commune; mais qu'on ne pouvait étendre arbitrairement cette disposition, au cas où un propriétaire n'a pas sur son fonds une pareille source, mais seulement des veines d'eau dans son héritage; que dans ce cas les excavations que fait le propriétaire sur son fonds, pour l'améliorer, ne sont que l'exercice légitime de son droit de propriété, lors même que ces excavations dérangeraient des veines d'eau intérieures dont une commune aurait entièrement profité. — Elle a pensé que les lois 9 et 11, *Cod. de aquæd.*, n'avaient pas pour objet de défendre les fouilles dans le cas ou leur résultat serait de détourner les eaux nécessaires à une commune, mais qu'elles tendaient, uniquement, a empêcher celui dont le fonds était traversé par un aqueduc public à faire des travaux nuisibles à cet aqueduc; qu'on en trouvait la preuve dans la loi, 24, § 12, ff. *De damno infecto*, suivant laquelle chacun pouvait creuser un puits dans sa propriété. (Arrêt de cassation du 29 novembre 1830 et 26 juillet 1836).

Il y aurait exception au principe émis ci-dessus, pour le cas où le propriétaire aurait détourné les eaux par pure malice, suivant une maxime très sage : ***Maliciis indulgendum non est.*** (*L.* 28 *de rei vindic.*)

## CHAPITRE QUATRIÈME.

### DE L'ÉGOUT DES TOITS.

Nous allons terminer ce que nous avons à dire, relativement aux eaux pluviales, par l'indication des précautions à prendre dans la construction des toits.

Chaque propriétaire doit faire en sorte que les eaux pluviales qui tombent sur les toits ne s'écoulent ni sur ceux de son voisin, ni sur aucune portion de l'héritage de ce dernier. C'est le précepte que consacre l'article 681 du Code civil ; il ordonne à tout propriétaire d'établir ses toits de manière que les eaux pluviales s'écoulent sur son propre terrain ou sur la voie publique. Le même texte défend expressément de les diriger sur les fonds voisins.

Celui qui construit un bâtiment dont l'égout sera du côté de l'héritage du voisin, doit donc laisser hors l'aplomb de son mur un espace de terrain suffisant pour recevoir les eaux qui découlent de son toit. A cet égard, il n'y a point de règles certaines sur l'étendue de cet espace. Elle est assez généralement fixée au double de l'avancement du toit, afin que les eaux ne tombent jamais sur l'héritage voisin ; mais si le propriétaire du toit y plaçait une gouttière, alors il pourrait se dispenser de rien laisser au-delà de l'avancement des égouts. Sans cette précaution, le propriétaire du toit, après trente ans de jouissance, sera censé avoir laissé l'espace dont nous venons de parler et le propriétaire voisin ne pourrait se prévaloir pour réclamer la propriété de cet espace, de la culture qu'il aurait prolongée jusqu'au mur pendant le même laps de temps ; car comme il ne peut y avoir deux propriétaires d'une chose, on doit décider que si le propriétaire de l'héritage voisin l'a cultivé constamment jusqu'au bâtiment ce n'est, en quelque sorte, que par clandestinité ou par tolérance, tandis que le propriétaire du toit a exercé constamment et très ostensiblement la jouissance de l'espace laissé par l'usage auquel il l'avait destiné. (*Avis de M. Pardessus, partie* 2, *chap. II, section* 2 , § 8.)

Dès que les eaux de pluie sont arrivées par terre elles peuvent suivre la pente naturelle des terrains; c'est une servitude naturelle qui existe en vertu de l'article 640 du Code civil.

Mais si, par la disposition naturelle des lieux, les eaux qui tombent sur la propriété de celui qui veut consthuire , ne s'écoulent pas sur la propriété voisine, il ne saurait être permis de changer la direction de ces eaux en faisant des constructions qui tendraient à imposer une servitude d'écoulement sur la propriété voisine ; en conséquence celui qui voudrait construire dans une semblable position, serait tenu de disposer les versants de son toit de manière à faire couler les eaux, non seulement sur sa propriété, mais encore de faire les ouvrages nécessaires pour que ces eaux ne pussent refluer sur le fonds du voisin.

# CHAPITRE CINQUIÈME.

## DES MURS MITOYENS.

### § 1er. *Des marques de la mitoyenneté ou non mitoyenneté des murs.*

Dans les villes et campagnes tout mur servant de séparation entre bâtiments jusqu'à l'héberge ou entre cours et jardins et même entre enclos dans les champs, est présumé mitoyen, s'il n'y a titre ou marque du contraire. (653, *C. c.*)

Il y a marque de non-mitoyenneté lorsque la sommité du mur est droite et aplomb de son parement d'un côté et présente de l'autre un plan incliné ; — lors, encore, qu'il n'y a que d'un côté ou un chaperon ou des filets et corbeaux de pierre qui y auraient été mis en bâtissant le mur; dans ce cas, le mur est censé appartenir exclusivement au propriétaire du côté duquel sont l'égout ou les corbeaux et filets de pierre. (654, *C. c.*)

La sommité du mur est faite à plan incliné pour que les eaux pluviales qui tombent sur ce mur s'écoulent sur le terrain du propriétaire du mur.

Le chaperon remplit le même but. On donne ce nom à un recouvrement en ardoise ou en brique ou de toute autre manière.

Les filets sont des tuiles ou des pierres plates un peu

saillantes ou des corniches placées au bas du chaperon pour jeter l'eau hors du parement du mur.

Les corbeaux sont des pierres saillantes qu'on place dans le mur de distance en distance du côté de celui qui les invoque comme des témoins de son droit exclusif à la propriété du mur.

L'une de ces marques suffit pour la preuve de la non mitoyenneté et ce témoignage doit suppléer au défaut du titre.

Il faut prendre garde de ne pas confondre les corbeaux avec les pierres d'attente qu'on laisse pour servir à lier les constructions que le voisin pourrait faire dans la suite en achetant la mitoyenneté ; cette faculté lui étant accordée par l'article 661 du Code civil.

Les marques de non mitoyenneté établies par les anciennes coutumes ne peuvent être admises que pour les constructions faites avant la promulgation du Code civil.

Il ne peut exister de marque de non mitoyenneté aux murs servant de séparation entre bâtiments depuis les fondations jusqu'à l'héberge, c'est-à-dire sur toute l'étendue occupée par le bâtiment le plus bas. Ces murs sont toujours mitoyens, sauf l'obligation où pourrait se trouver l'un des copropriétaires du mur de faire compte à l'autre de la moitié de la dépense que celui-ci aurait payée en entier, si les deux bâtiments n'avaient pas été construit à la même époque.

Si l'un des deux bâtiments vient à être détruit pour quelque cause que ce soit, les traces qui resteront sur le mur mitoyen, de la destruction de ce bâtiment, seront des marques non équivoques de la mitoyenneté de ce mur, quoique ces marques ne soient pas mentionnées dans l'article 654 du Code civil. Dans cet article il n'est question que des marques de non mitoyenneté.

Les murs de soutènement construits pour retenir les terres des fonds supérieurs, empêcher les éboulements ou rendre le sol plus horizontal sont réputés non mitoyens, même entre cours et jardins, parce qu'ils sont considérés comme partie intégrante du sol qu'ils soutiennent, et qu'ils n'ont pas besoin d'être munis de signes exclusifs pour n'être pas réputés mitoyens (Avis de Pardessus, N° 163); mais il n'en est pas de même de la partie de ce mur qui se trouve au-dessus du niveau du sol supérieur. Lorsque cette partie sert uniquement de clôture elle est censée mitoyenne, s'il n'y a titre ou marque du contraire, pourvu toutefois que ces murs servent de séparation entre cours, ou jardins, ou enclos. Cependant, si la partie supérieure se trouve seulement à hauteur d'appui, ou qu'elle soit destinée à supporter des vases ou même à servir de siège, comme on en voit beaucoup dans les villes, alors tout le mur en entier est réputé non mitoyen et faire partie intégrante de la terrasse ou du jardin qu'il soutient. L'entretien de ce mur doit être entièrement à la charge du propriétaire de cette terrasse ou de ce jardin.

Si un mur sépare une terre et un bâtiment on présume que le mur appartient au propriétaire du bâtiment (Toullier, N° 185), à moins qu'il y ait des marques certaines qu'il y a eu dans l'origine des bâtiments des deux côtés. Dans ce cas le mur serait mitoyen.

Néanmoins, dans les villes et faubourgs le mur qui sépare un jardin et un bâtiment est mitoyen jusqu'à hauteur de clôture, fixée à trente-deux décimètres dans les villes de cinquante mille âmes et au-dessus et à vingt-six décimètres dans les autres, quoiqu'il n'y ait pas de marques de mitoyenneté, et le propriétaire du jardin doit contribuer à la réparation de ce mur jusqu'à cette hauteur. (Conséquence de l'article 663 du Code civil.) Cette opinion est assez généralement admise. C'est celle de Pothier dans son contrat de société, N° 202, et de M. Pardessus, N° 158. Cependant la cour royale de Toulouse, appelée à juger une question de ce genre, a décidé qu'il ne suffisait pas qu'un mur séparât deux héritages pour qu'il fût présumé mitoyen ; qu'il fallait encore que les héritages fussent de même nature ; qu'ainsi un mur qui séparait un jardin et un bâtiment n'était pas de plein droit reconnu mitoyen jusqu'à hauteur de clôture. L'arrêt est dans le *Mémorial*, vol. 9, page 312.

Lepage (addition au tome I^er, N° 17) rapporte qu'il a vu des experts décider qu'un mur qui soutenait des constructions dans toute sa hauteur d'un côté sans qu'il y en eût de l'autre, était présumé mitoyen jusqu'à la hauteur de clôture. Il s'étonne que le tribunal de Paris ait adopté cet avis sur le motif que le mur étant ancien il fallait se reporter à l'article 209 de la coutume de Paris, qui autorise tout propriétaire, dans les villes et faubourgs, à forcer son voisin de se clore à frais communs. « L'erreur, dit-il, est
» sensible, car la présomption de mitoyenneté cesse lors-
» qu'il y a titre ou marque du contraire. Or, dans l'espèce,
» il y avait bien marques en faveur de la propriété où
» étaient les bâtiments; ils étaient des témoins bien plus
» caractérisés que de simples filets ou corbeaux..... De
» ce que dans les villes et faubourgs on peut forcer le
» voisin à élever une clôture commune, il ne s'en suit
» pas que cette faculté ait été exercée, la seule conséquen-
» ce est que la mitoyenneté est présumée ; mais lorsque
» des marques ou des titres disent que le mur appartient
» exclusivement à l'un des voisins, toute présomption
» cesse. »

L'opinion de M. Lepage nous paraît préférable à celles de MM. Pothier et Pardessus, et nous pensons que dans aucun cas la présomption de mitoyenneté ne doit être admise s'il y a des marques du contraire; et que, dès lors, ces murs entre bâtiments et jardins doivent appartenir aux propriétaires des bâtiments.

Il résulte de la disposition de l'article 663 du Code civil que dans les villes et faubourgs les copropriétaires d'un mur ne peuvent renoncer à la mitoyenneté pour se soustraire à la contribution des réparations, faculté qui doit être cependant accordée aux copropriétaires dans les campagnes pourvu que le mur qui doit être reconstruit ne soutienne pas deux bâtiments, cette faculté étant accordée par l'article 656 du même code.

Il n'est pas toujours facile de reconnaître quand une communauté d'habitants est une ville, les lois étant muettes là-dessus. M. Pardessus pense qu'on doit se décider par la qualification donnée à la commune dans des actes anciens et non suspectés ; ce sentiment ne nous paraît pas toujours juste, car nous voyons souvent dans des actes anciens la qualification de ville donnée à des villages de bien peu d'importance. Il nous paraîtrait bien plus rationnel de décider d'après l'importance de la localité. « Dans le » doute, dit M. Solon, il faut résoudre la question dans le » sens qui tend à affranchir les immeubles de la servi- » tude. »

## § IIe. *Aux frais de qui sont les réparations ou reconstructions des murs mitoyens.*

La réparation et la reconstruction du mur mitoyen sont à la charge de tous ceux qui y ont droit, et proportionnellement aux droits de chacun. (655, *C. c.*)

Cependant, tout copropriétaire d'un mur mitoyen peut se dispenser de contribuer aux réparations et reconstructions, en abandonnant le droit de mitoyenneté, pourvu que le mur mitoyen ne soutienne pas un bâtiment qui lui appartienne. (656, *C. c.*)

La faculté accordée par l'article que nous venons de rapporter ne s'étend pas sur les copropriétaires des murs mitoyens dans les villes et faubourgs. Ceux-ci ne sauraient s'affranchir, sous aucun prétexte, de la contribution aux réparations et reconstructions des murs faisant séparation de leurs maisons, cours et jardins. (Conséquence déduite de l'article 663 du Code civil.)

Lorsqu'un mur mitoyen sépare deux maisons dont l'une appartient à un seul propriétaire et dont les différents étages de l'autre appartiennent à plusieurs, le mode de réparations ou reconstruction de la partie de mur communs à ces deux maisons doit être réglé de la manière suivante : la moitié de la dépense sera à la charge du propriétaire qui sera seul de son côté, et l'autre moitié sera à la charge de tous les copropriétaires du côté opposé, chacun proportionnellement à la valeur de l'étage ou de la partie de maison qu'il occupe. (Conséquence déduite de la combinaison des deux articles 655 et 664 du Code civil.)

Lorsque, conformément à la disposition de l'article 663 du Code civil, un voisin peut être contraint de contribuer aux réparations et reconstructions du mur mitoyen, ou même conformément à l'article 655 du même code, s'il n'use pas de la faculté qui lui est accordée par l'article 656, la dépense que doit occasionner la réparation ou la reconstruction sera supportée par chaque copropriétaire dans la proportion de son droit à la mitoyenneté du mur. Cette proportion est déterminée par des titres ou par des marques.

Celui des copropriétaires qui veut reconstruire un mur encore solide dans des dimensions plus fortes, doit prendre sur lui cette dépense. S'il veut rendre le mur plus épais, il doit bâtir sur son terrain l'excédant d'épaisseur ; le voisin n'est obligé qu'à souffrir le travail, et si cette réparation ou reconstruction cause à ce voisin quelque accident préjudiciable, celui qui fait la réparation est tenu de l'indemniser. C'est donc à celui qui fait les travaux à prendre ses mesures pour prévenir tout accident.

Mais si le mur menaçait ruine, l'un des voisins aurait le droit d'en provoquer la reconstruction selon les règles ordinaires. S'il était reconnu que les dimensions qu'il avait précédemment fussent trop faibles pour servir à l'usage auquel on destine le mur, comme aussi s'il était reconnu que l'épaisseur de ce mur était beaucoup plus forte qu'il ne serait nécessaire pour ce même usage, on serait en droit de le faire réduire aux dimensions ordinaires. On ne voit pas, en effet, pourquoi obliger le voisin qui demanderait cette réduction à une dépense peut-être trop forte pour ses moyens et qui ne serait motivée que par le caprice de l'autre voisin.

Ce que nous venons de dire n'est applicable que dans le cas d'une reconstruction nécessitée par la vétusté ou par accident, car on sent bien qu'un voisin ne serait pas fondé à demander que le mur mitoyen, trop fort pour l'usage auquel on le destine, fût diminué d'épaisseur si ce mur était encore bon ou qu'il n'eût besoin que de réparation.

La reconstruction d'un mur mitoyen ne doit être faite à frais communs par les copropriétaires, que lorsqu'elle est nécessitée par la vétusté ou par accident, ou que le mur menace ruine par quel vice que ce soit. Alors chacun doit supporter les pertes et les embarras qui lui sont particuliers et qui sont une suite de l'accident.

### § IIIe *De l'usage que l'on peut faire d'un mur mitoyen et de l'indemnité à laquelle on peut avoir droit.*

Tout copropriétaire peut faire bâtir contre un mur mitoyen et y faire placer des poutres ou solives dans toute l'épaisseur du mur, à cinquante-quatre millimètres près, sans préjudice du droit qu'a le voisin de faire réduire à l'ébauchoir la poutre jusqu'à la moitié du mur, dans le cas où il voudrait lui-même asseoir des poutres dans le même lieu ou y adosser une cheminée. (657, *C. c.*)

Tout copropriétaire peut faire exhausser le mur mitoyen, mais il doit payer seul la dépense de l'exhaussement, les réparations d'entretien au-dessus de la hauteur de la clôture commune et, en outre, l'indemnité de la charge en raison de l'exhaussement et suivant la valeur. (659, *C. c.*)

Si le mur mitoyen n'est pas en état de supporter l'exhaussement, celui qui veut l'exhausser doit le faire reconstruire en entier à ses frais, et l'excédant d'épaisseur doit se prendre de son côté. (659, *C. c.*)

Le voisin qui n'a pas contribué à l'exhaussement peut en acquérir la mitoyenneté en payant la moitié de la dépense qu'il a coûté, et la valeur de la moitié du sol fourni pour l'excédant d'épaisseur s'il y en a. (660. *C. c.*)

L'article 691 du même Code permet au voisin de n'acheter qu'une partie de ce mur s'il le juge convenable, en payant la moitié de la valeur de cette partie et la moitié de la valeur du sol où elle se trouve.

L'article 662 détermine les conditions du droit accordé

par les articles 657, 658 et 659 déjà cités de la manière suivante :

L'un des voisins ne peut pratiquer dans le corps d'un mur mitoyen aucun enfoncement, ni y appliquer ou appuyer aucun ouvrage sans le consentement de l'autre ou sans avoir, à son refus, fait régler par experts les moyens nécessaires pour que le nouvel ouvrage ne soit pas nuisible aux droits de l'autre.

« Le consentement du voisin ou, à son refus, l'autori-
» sation de la justice, est nécessaire pour quelque espèce
» d'ouvrage qu'on veuille faire au mur mitoyen. Ainsi,
» il faut le demander, s'il faut faire soit un percement
» pour placer des poutres, soit la démolition de tout ou
» de partie du mur ; il en est de même s'il s'agit d'un
» simple enfoncement, comme une niche pour un poèle
» ou une armoire, ou tout autre objet. On conçoit que ce
» genre d'ouvrages doit affaiblir le mur en diminuant son
» épaisseur dans la partie que l'on fait travailler, et si le
» voisin avait un pareil enfoncement de son côté vers le
» même endroit, le mur se trouverait sans aucun soutien.
» Il est donc essentiel que les copropriétaires s'entendent
» en pareil cas, ou que des experts, en vertu d'un juge-
» ment, règlent ce qui est convenable pour la conservation
» du mur sans blesser les droits d'aucune partie. » (Le-
» page, p. 63.)

M. Pardessus (N° 170) ne croit pas que sur le refus du voisin la loi impose la nécessité d'introduire une action devant les tribunaux, et faire nommer un expert qui indique les moyens à prendre pour que le nouvel ouvrage ne soit pas nuisible. « Elle se bornera, dit-il, à exiger que l'indication des moyens soit faite par experts ; mais comme il n'est pas juste de confier à la partie intéressée le choix de cet expert, nous pensons que celle-ci doit, après avoir laissé à son voisin un délai de trois jours au moins pour faire connaître ses intentions, s'adresser au président du tribunal par voie de référé, conformément à l'article 806 du Code de procédure civile, pour qu'il nomme d'office. Cette voie garantit l'indépendance de l'expert et diminue les lenteurs et les frais. Les termes de la loi expliquent positivement que cette expertise doit être préalable, mais ils n'ajoutent pas qu'elle doit être ordonnée par les tribunaux. Celui qui construit en se conformant aux plans et instructions donnés par l'expert, doit être à l'abri de toute réclamation. »

Il résulte de ce que nous venons de rapporter que l'article 657 du Code civil permet à tout copropriétaire de placer des poutres ou solives dans l'épaisseur d'un mur mitoyen, et que l'article 662 du même Code détermine les conditions voulues pour qu'on puisse jouir de cet avantage ; mais aucun article du Code ne permet de faire d'autres enfoncemens dans le mur mitoyen. On en trouve, au contraire, la défense formelle dans l'article 662 que nous venons de citer, si le voisin n'y donne son consentement.

En conséquence, faute par le copropriétaire qui veut appliquer des ouvrages sur le mur mitoyen ou faire l'exhaussement de ce mur de prévenir son voisin ou de le mettre en demeure, celui-ci peut s'opposer à la continuation des travaux quelles que soient les pertes qui puissent en résulter pour celui qui veut faire ces travaux, et il peut demander des dommages même pour le préjudice que lui causent ces ouvrages et qu'il serait obligé de supporter comme charge de son droit de mitoyenneté.

L'indemnité due en raison de l'exhaussement ou de tout autre ouvrage, est déterminée par experts si les parties ne peuvent en convenir et les frais d'expertise sont à la charge de celui qui veut faire faire les travaux.

Toutefois, pour éviter les frais, il peut faire une offre

qui, si elle est refusée et qu'elle soit plus tard jugée suffisante, fait retomber les frais du procès à la charge de celui qui l'a refusée. (Solon, N° 154.)

La mission des experts ne doit pas se borner simplement à déterminer les précautions à prendre pour que le voisin n'éprouve aucun tort ; elle consiste encore à fixer une indemnité en cas de déplacement d'objets adossés au mur mitoyen ou d'étayement de ses planchers. (Pardessus, N° 171.)

Les ouvrages doivent être faits dans le plus bref délai possible. Celui à qui ils sont préjudiciables a droit de faire déterminer ce délai et de demander des dommages intérêts de ce retard. (Le même, N° 173.)

Celui qui a le droit d'exhausser un mur mitoyen a aussi le droit de le prolonger de haut en bas, en le prenant en sous œuvre, comme, par exemple, lorsqu'on veut ouvrir des caves. Il n'y a pour cela qu'à se conformer, dans ce cas, à ce qui est prescrit par l'article 662 du Code civil. Alors, n'y ayant pas de surcharge pour le mur mitoyen, il n'est pas dû d'indemnité pour ce fait. La partie construite en sous-œuvre appartient toute entière à celui qui a fait faire la construction, comme la partie exhaussée appartient à celui qui a fait faire l'exhaussement. Le copropriétaire a toujours le droit d'acquérir la mitoyenneté de ces diverses constructions.

On n'a pas besoin du consentement du voisin ni de l'autorisation de la justice pour appliquer sur le parement d'un mur mitoyen un treillage, une peinture, des boiseries, des tapisseries et autres ornements qui n'ont aucun poids et ne font aucun effort contre le mur. Ces sortes d'ouvrages ne sont pas compris parmi ceux que le Code civil ne permet de faire qu'après autorisation ; mais, dans aucun cas, il ne serait permis d'y appliquer les grosses pièces d'un métier de tisserand, par la raison que la secousse donnée par la châsse mobile qui frappe les fils de la trame peut ébranler, à la longue, la solidité du mur, et qu'elle produit d'ailleurs une commotion fort désagréable qui se fait sentir jusques dans le lit que le voisin peut avoir contre le mur mitoyen du côté opposé.

On ne doit pas adosser contre un mur quelconque des matières capables d'engendrer de l'humidité, parce qu'il se fait alors une fermentation qui corrompt les mortiers et attaque la solidité des murs. Si on fait un contre-mur pour garantir le mur des inconvénients dont nous venons de parler, le voisin n'a plus à se plaindre.

On n'a pas, non plus, le droit d'amonceler le long du mur des matières quelconques qui pourraient faire effort, comme des terres, du sable, des cailloux, etc. ; mais si les choses qui sont amoncelées le long du mur, telles que des pierres, sont posées sur leur lit de manière à n'opérer aucune poussée, le voisin n'a pas à se plaindre ; mais, dans tous les cas, il pourra exiger que les objets adossés ne s'élèvent pas assez pour qu'à leur aide on puisse regarder ou passer par-dessus le mur.

## § IV^e *Quand peut-on être contraint à reconstruction?*

Il n'est pas besoin, pour contraindre le voisin à la reconstruction ou à la réparation du mur mitoyen, que ce mur soit en ruine, il suffit que son état soit jugé tel que la réparation en paraisse nécessaire. Lorsque les partis ne sont pas d'accord sur la nécessité de cette reconstruction, l'état du mur doit être vérifié par expert.

Le voisin peut, quelquefois, prétendre que la nécessité

de reconstruire le mur mitoyen provient de ce que l'autre voisin a, sur ou contre ce mur, une construction qui en a causé la ruine. La présomption en peut exister, principalement si ce voisin n'avait pas payé la surcharge occasionnée par son bâtiment; ce serait aux experts à examiner attentivement l'état du mur, ainsi que les causes qui auraient pu le faire périr. (Pardessus, N° 165).

La nécessité de reconstruire le mur mitoyen peut n'être que partielle. S'il est reconnu, par exemple, qu'il peut être repris en sous-œuvre, ou qu'il n'a besoin d'être reparé que sur quelques points, on ne peut contraindre son voisin à la reconstruction totale. Il ne peut être tenu que de contribuer en proportion de ses droits à la dépense des ouvrages nécessaires.

Dans tous les cas où il y ait lieu à faire des réparations ou des reconstructions au mur mitoyen, chaque copropriétaire est obligé de supporter les incommodités qu'elles occasionnent, telles que le passage des ouvriers, le placement des matériaux et autres, sans qu'aucun d'eux puisse réclamer d'indemnité; lors même qu'il y en aurait qui, par la disposition de la localité, auraient plus à souffrir que les autres; c'est une charge inhérente à leur droit de copropriété.

Un mur mitoyen est dans le cas d'être réparé lorsque, par quelque cause que ce puisse être, il se trouve dégradé de manière à porter même la plus légère atteinte à sa solidité.

En général un mur mitoyen doit être réparé quand il s'y trouve des lézardes, soit d'un côté soit de l'autre; quand il manque de crépi en quelques places, tant sur une face que sur l'autre; quand le chaperon est endommagé en quelques-unes de ses parties; quand une ou plusieurs des pierres viennent à se déplacer; quand le mur déverse; quand il présente des renflements ou des bouclements.

A l'égard de la reconstruction, elle doit avoir lieu : 1° quand le mur est tombé ; 2° lorsqu'il est corrompu, c'est-à-dire tellement mauvais, qu'il ne peut plus servir à l'usage auquel on le destine.

Les signes auxquels on reconnaît qu'un mur est corrompu, varient selon la nature de ses matériaux, selon son épaisseur et son élévation, et selon l'usage auquel il sert. Un mur de clôture, par exemple, fait dans les dimensions ordinaires, doit être en plus mauvais état pour être condamné à la reconstruction, que s'il était d'une plus grande élévation avec la même épaisseur. Il faut des signes de corruption bien moins prononcés pour contraindre à la reconstruction d'un mur qui soutient des bâtiments. On doit en prévenir la chute autant dans l'intérêt des propriétaires que pour la sûreté publique.

Un mur qui penche d'un côté ou de l'autre très sensiblement, peut être condamnable selon les circonstances. S'agit-il d'un mur mitoyen qui porte des édifices, la règle la plus généralement observée est de ne le condamner à être démoli que quand il est hors de son aplomb de plus de la moitié de son épaisseur.

On n'est pas, à beaucoup près, aussi exigeant lorsqu'il s'agit d'un simple mur de clôture; quel que soit son déversement, on le laisse subsister tant qu'il ne menace pas d'une ruine prochaine; et même on considère encore sa position pour le déclarer, plus ou moins promptement, en état de ruine. S'il sépare seulement deux enclos à la campagne, loin des habitations, on le laissera subsister plus longtemps que s'il forme une séparation entre les cours de deux maisons habitées.

Mais, nous le répétons, si les copropriétaires ne sont pas d'accord sur l'existence ou la nature des réparations nécessaires, c'est toujours par des experts qu'on doit faire examiner s'il y a lieu à réparer ou à reconstruire. Ce sont eux qui, selon une infinité de circonstances et d'après la localité, doivent décider si des réparations ou des reconstructions sont nécessaires et indiquer les ouvrages à effectuer.

Nous avons souvent parlé de l'intervention des experts; on a dû voir qu'ils étaient, en quelque sorte, juges dans une infinité de cas. Ils doivent donc bien se pénétrer de l'importance de leur devoir. La loi ne leur impose aucune condition spéciale ; elle ne gêne, en aucune manière, leur indépendance et leur probité, et elle s'en rapporte aux lumières de leur art, à la droiture de leur conscience. Nous les engageons donc, comme dit M. Solon, à ne pas accorder trop d'attention à quelques règles d'art renfermées dans les livres, et desquelles les auteurs tirent la conséquence que le mur n'a pas la solidité convenable. La hauteur du mur, son épaisseur, son exposition au mauvais temps, la manière dont il est appuyé, sa destination, etc., sont autant de circonstances qui s'opposent à l'autorité absolue des règles de l'art, et que l'usage, basé sur l'expérience, consulte tous les jours en pareille matière.

## § V. *Des pans de bois.*

Tout ce que nous avons dit jusqu'ici, sur la mitoyenneté des murs, s'applique, évidemment, à ceux qui sont en maçonnerie ; mais doit-il en être de même des pans de bois ou des simples cloisons qui séparent deux bâtiments? Nul doute que leur entretien ou leur reconstruction ne doivent être soumis aux mêmes règles. Mais si l'un des copropriétaires voulait y faire un exhaussement, voici ce que dit à ce sujet M. Lepage, p. 73 : « Partout un mur

» mitoyen est d'une utilité si grande qu'il doit toujours
» être propre à servir aux deux voisins et à être exhaussé,
» s'il en était besoin. Il faut donc qu'il soit fait, dans les
» dimensions et avec les matériaux qui sont en usage dans
» chaque pays pour ces sortes de séparations. Or, un pan
» de bois n'est considéré, par aucun architecte, comme
» suffisant pour soutenir les bâtiments qu'on voudrait y
» appuyer des deux côtés ; il est surtout hors d'état de sup-
» porter un exhaussement et de recevoir des cheminées.
» En conséquence, beaucoup de personnes croient que le
» propriétaire qui veut exhausser un mur mitoyen, consis-
» tant en un pan de bois, peut contraindre son voisin à le
» reconstruire, à frais communs, en maçonnerie, précisé-
» ment comme dans le cas où le mur mitoyen est absolu-
» ment mauvais. Dans cette opinion qui est celle de *Des-*
» *godets*, en sa note N° 18, sur l'article 195 *de la coutu-*
» *me de Paris*, on ne peut se refuser à cette reconstruc-
» tion dans les villes et faubourgs, puisque l'on est tenu
» d'y avoir des murs mitoyens quand l'un des voisins l'exige.
» A l'égard des campagnes, bourgs et villages, le seul
» moyen de ne pas contribuer à la conversion des pans de
« bois en mur de maçonnerie, est d'abandonner la mi-
» toyenneté. »

Nous sommes loin d'embrasser cette opinion. Voici pourquoi : d'abord, la loi ne dit pas que les murs de séparation doivent être en maçonnerie ; et la preuve que les architectes qui décident que les pans de bois ne peuvent soutenir des bâtiments se trompent, c'est que, dans beaucoup de villes et de villages, l'on trouve un grand nombre de maisons fort anciennes, dont les murs intérieurs et extérieurs ne sont que des pans de bois.

En second lieu, si on ne peut adosser une cheminée contre un pan de bois, nous ne voyons pas que ce soit un motif suffisant pour contraindre le voisin qui n'a pas l'intention d'y en adosser à changer ce pan de bois en mur de maçonnerie, ou par cela seul que son copropriétaire en a besoin pour faire l'exhaussement que lui permet l'article 658 du Code civil. Lorsque le pan de bois a été construit, on a bien prévu qu'on ne pourrait pas y adosser de cheminées. Les divisions intérieures sont généralement en pan de bois dans presque toutes les maisons. Les mitoyennetés de ces sortes de murs proviennent presque toutes de quelque partage; et il arrive souvent que les pièces qui sont séparées par ces pans de bois sont si étroites, qu'une épaisseur de vingt ou trente centimètres qu'il faudrait prendre de plus de chaque côté du pan de bois gênerait, d'une manière très préjudiciable, l'aisance déjà fort restreinte de celui qui a la pièce étroite.

Il nous paraît donc bien plus raisonnable de décider que l'exhaussement doive être fait aussi en pan de bois, à moins que celui qui veut exhausser ne préfère se charger de la reconstruction sans y faire contribuer son voisin, et prendre sur sa propriété l'excédant d'épaisseur que nécessitera le mur en maçonnerie. Il serait toutefois juste de faire contribuer ce voisin à la moitié de la dépense que nécessiterait la reconstruction du pan de bois s'il présentait peu de solidité.

Troisièmement, l'abandon de la mitoyenneté ne serait pas recevable, même dans les campagnes, pour se soustraire à la dépense de la reconstruction puisqu'il s'agit d'un mur qui soutiendrait le bâtiment de celui qui ferait l'abandon.

M. Lepage n'appuie son opinion que sur celle de Desgodets, qui a écrit avant le *Code civil* et qui raisonne d'après des coutumes qui n'existent plus ou qui sont modifiées par la législation nouvelle. Dans tous les cas, cette opinion ne devrait trouver d'application que dans les villes où les coutumes assujettiraient à la construction des murs en maçonnerie.

### § 6. *De la faculté d'acquérir la mitoyenneté.*

Le voisin qui n'a pas contribué à l'exhaussement peut en acquérir la mitoyenneté en payant la moitié de la dépense qu'il a coûté et la valeur de la moitié du sol fourni par l'excédant d'épaisseur, s'il y en a. (Art. 660. *C. c.*)

Tout propriétaire joignant un mur a, de même, la faculté de le rendre mitoyen, en tout ou en partie, en remboursant au maître du mur la moitié de sa valeur ou la moitié de la valeur de la portion qu'il veut rendre mitoyenne, et moitié de la valeur du sol sur lequel le mur est bâti. (Art. 661. *C. c.*)

L'opinion des auteurs est partagée sur le fait de savoir si, lorsqu'on veut acquérir la mitoyenneté d'un mur construit en pierre de taille, on est obligé de payer la moitié de sa valeur, dans le cas où un mur en moellon aurait pu suffire et que la construction en pierre de taille n'est qu'un objet de luxe et non de nécessité; les uns (de ce nombre est Pothier) ne font aucune distinction, et sont d'avis que la moitié de ce qu'a coûté le mur doit être remboursée, qu'il soit en moellon, en pierre de taille, en brique ou en pisé; d'autres, au contraire, pensent qu'on n'est tenu d'acheter que ce dont on a besoin, et que la loi a voulu faire profiter de cet avantage toutes les classes de propriétaires, les riches comme les pauvres; et que si le voisin a été le maître de faire construire à grands frais et même avec luxe le mur qui sépare son héritage, il n'a pu réduire le propriétaire du côté opposé à l'impossibilité de se servir de ce mur, à cause de l'insuffisance de ses moyens. Cette dernière opinion est embrassée par Desgodets et Lepage.

Quant à nous, nous embrasserons les opinions des uns et des autres dans des cas différents et que n'ont pas distingués les auteurs que nous venons de citer.

Ainsi, nous serons de l'avis de Pothier pour toutes les constructions faites sur un terrain où il n'y en avait point auparavant ; car il est certain qu'avant cette construction le propriétaire voisin se trouvait totalement dans l'impossibilité d'acquérir la mitoyenneté, puisque le mur n'existait pas, et que s'il avait voulu se clore ou faire toute autre construction, il eût été forcé de bâtir entièrement sur son propre terrain. Si, lorsque son voisin a construit un mur en pierre de taille, il ne peut en acquérir la mitoyenneté qu'en remboursant la moitié de sa valeur, sa condition n'a pas empiré, et personne ne l'oblige à cette acquisition ; il peut se contenter de construire sur son terrain avec les matériaux que bon lui semble ; mais nous ne pensons pas qu'il puisse, sous aucun prétexte, se dispenser de payer la moitié de la valeur du mur en pierre de taille, s'il veut en acquérir la mitoyenneté, puisque cette acquisition lui est tout-à-fait facultative.

Nous embrasserons l'opinion contraire lorsque la construction de luxe concerne un exhaussement d'un mur mitoyen et qu'un mur en simple moëllon eût rempli le même but. Dans ce cas, il est bien évident qu'il ne peut dépendre du caprice du voisin de vous entraîner dans de folles dépenses ou même de priver ainsi un propriétaire peu aisé de jouir de la faculté qui lui est accordée par l'article 661 du Code civil. Si, par exemple, pour exhausser une cheminée on est obligé de l'adosser contre le mur qui a été exhaussé, on ne saurait être tenu que de payer au voisin la moitié de la valeur du mur exhaussé, en le considérant comme construit en moellon, si toutefois ce genre de construction présente des garanties de solidité suffisantes. S'il en était autrement, il pourrait arriver souvent que *le propriétaire d'une maison à un seul étage ne pourrait* l'élever à la hauteur de celle de son voisin, quoique le mur qui les sépare soit mitoyen jusqu'à l'héberge. Ou bien, en d'autres termes, il pourrait arriver qu'on ne pourrait acquérir la mitoyenneté au-dessus de l'héberge et, par conséquent, qu'on ne pourrait élever sa maison, si on n'avait pas assez de moyens pour payer la moitié de la valeur d'un mur d'exhaussement fait avec luxe. Nous pensons donc que dans ce cas il doit suffire de payer la moitié de ce que le mur d'exhaussement aurait dû coûter, en adoptant pour son genre de construction les matériaux solides les plus économiques.

Si pour priver un voisin de la faculté d'acquérir la mitoyenneté un propriétaire, en faisant construire, laissait, entre la limite de la propriété du voisin et son mur, un espace tellement petit qu'il ne pût en retirer aucun avantage, presque tous les auteurs s'accordent à décider que le voisin serait autorisé à faire l'acquisition de cette mitoyenneté en payant l'espace laissé, la moitié du sol sur lequel le mur est construit et la moitié de ce qu'il a coûté. Mais il faut être bien assuré, avant d'autoriser cette acquisition, que l'espace laissé ne peut être d'aucune utilité à celui qui a fait bâtir. C'est alors le cas d'appliquer la maxime : *malicis non est indulgendum.*

## CHAPITRE SIXIÈME

### DE LA DISTANCE ET DES OUVRAGES INTERMÉDIAIRES REQUIS POUR CERTAINES CONSTRUCTIONS.

Les bons architectes regardent l'encastrement des cheminées dans les murs de séparation comme une construction vicieuse qu'il est utile de bannir, même des pays où cette coutume existe. Ils pensent, en même temps, que celui qui, en faisant construire un mur joignant sans moyens la propriété du voisin, y aurait englobé une cheminée, pourrait être forcé à la retirer hors de l'épaisseur du mur lorsque ce mur serait rendu mitoyen, parce qu'il aurait dû savoir que le voisin avait le droit d'acquérir la mitoyenneté de son mur. Cette opinion doit engager ceux qui font de pareilles constructions à ne pas s'exposer à avoir un procès avec le voisin, et à se contenter, en conséquence, d'adosser au mur les cheminées qu'ils voudront construire.

L'article 674 du Code civil ordonne, d'ailleurs, de laisser la distance prescrite par les réglements et usages particuliers, tout aussi bien pour construire une cheminée près d'un mur mitoyen que près d'un mur qui ne l'est pas. Ainsi, ce ne serait jamais que dans les pays où l'usage permet d'encastrer des cheminées, que celui qui ferait l'acquisition de la mitoyenneté ne pourrait pas faire retirer la cheminée hors de l'épaisseur du mur.

M. Lepage pense que le Code a rendu générale à toute la France la disposition de la coutume de Paris sur ce point. Elle ne permet pas de se servir, pour le fond d'une cheminée, d'un mur de séparation mitoyen ou non, sans le garantir par un contre-mur. On satisfait assez aujourd'hui à cette coutume en mettant au fond de la cheminée une plaque de fer fondu.

Si le mur où se trouve encastrée une cheminée devient mitoyen, seulement par l'effet d'un partage, les choses doivent rester dans l'état où elles se trouvent à l'époque du partage, à moins de stipulation contraire. Si ce mur avait besoin dans la suite d'être reconstruit, on aurait le droit de le rétablir comme il était auparavant; c'est le cas de l'application de l'article 665 du Code civil, qui décide que quand on reconstruit un mur mitoyen les servitudes actives et passives se continuent à l'égard du nouveau mur.

A l'égard des forges, fours, ou fourneaux, le principe général est que le contre-mur se construit de telle manière que le voisin ne puisse recevoir aucun dommage. C'est la règle commune pour tous les pays, même pour ceux où les règlements locaux ne s'expriment point sur cet objet.

Plusieurs coutumes, et notamment celle de Paris, exigent que le contre-mur soit éloigné du mur d'un intervalle vide. Ce vide est appelé le tour du chat; il est fixé par la coutume de Paris à un demi pied (seize centimètres.)

Dans les étables on doit aussi faire un contre-mur capable d'empêcher les fumiers de pénétrer jusqu'au mur mitoyen. Il faut donner à ce contre-mur une épaisseur et une hauteur convenables, ainsi qu'une fondation assez basse pour empêcher les eaux de l'étable de pénétrer jusqu'aux fondations du mur mitoyen. En général une épaisseur de vingt à vingt-cinq centimètres est suffisante. Sa hauteur doit être au moins égale à celle de la masse du fumier.

Dans les magasins de sel et des amas de matières corrosives, le contre-mur doit avoir une épaisseur de trente-trois centimètres et une hauteur égale à celle du magasin.

Pour faire passer de l'eau par un aquéduc, le long d'un mur mitoyen, il faut faire un contre-mur d'une épaisseur suffisante pour empêcher l'eau de pénétrer jusqu'au mur.

A l'égard des eaux qui coulent sur la superficie du terrain, on ne peut leur donner passage près d'un mur mitoyen, sans avoir garanti ce mur par un revers de pavé bien cimenté. Une précaution plus certaine, c'est de faire couler les eaux dans une gargouille, c'est-à-dire par un canal creusé dans la pierre.

Chacun peut creuser un puits et construire une fosse d'aisance dans telle place de son terrain qu'il lui plaît de choisir. Quand le puits ou la fosse d'aisance que l'on veut faire construire se trouve à proximité, soit d'un mur qui sépare deux héritages, soit d'une cave ou d'un autre puits, il faut établir un contre-mur pour garantir ou le mur de séparation, ou la cave, ou le puits du voisin de tous les dommages que pourrait causer l'infiltration des eaux ou le contact des matières de la fosse d'aisance.

Dans tous les cas, si les voisins ne sont pas d'accord sur les dimensions à donner au contre-mur, il faut avoir recours à des experts.

## CHAPITRE SEPTIÈME.

### DES VUES SUR LES PROPRIÉTÉS VOISINES.

L'un des voisins ne peut, sans le consentement de l'autre, pratiquer dans le mur mitoyen aucune fenêtre ou ouverture, en quelque manière que ce soit, même à verre dormant. (Art. 675, *C. c.*)

Ainsi les ouvertures qui se trouvent pratiquées sont établies ou par suite de la complaisance du voisin, ou en exécution d'un titre. Dans le premier cas, une pareille ouverture se nomme *Jour de souffrance*, parce que celui qui a souffert qu'elle fût faite a droit de la faire boucher quand il veut.

Cette tolérance peut être écrite ou tacite. Ce n'est que dans le second cas que ces vues peuvent s'acquérir par prescription, parce qu'on ne prescrit pas contre un titre.

Le propriétaire d'un mur non mitoyen, joignant immédiatement l'héritage d'autrui, peut pratiquer dans ce mur des jours ou fenêtres à fer maillé et verre dormant. Ces fenêtres doivent être garnies d'un treillis de fer dont les mailles auront un décimètre d'ouverture au plus et d'un châssis à verre dormant. (Art. 676, C. *c.*)

Ces fenêtres ou jours, ne peuvent être établis qu'à vingt-six décimètres au-dessus du plancher ou sol de la chambre qu'on veut éclairer, si c'est au rez-de-chaussée, et dix-neuf décimètres au-dessus du plancher, pour les étages supérieurs. (Art. 677, C. *c.*)

On appelle les ouvertures dont est question dans les deux articles précédents, des vues légales, parce que c'est la loi qui les autorise, sans qu'il soit besoin du consentement du propriétaire voisin ; mais pour les faire boucher, on n'a besoin que d'acheter la mitoyenneté du mur. Alors on doit se conformer à la disposition de l'article 675 déjà cité.

Toute la difficulté que présente l'application des deux articles 676 et 677 du Code civil, consiste à savoir de quel point on doit partir pour mesurer la hauteur d'une fenêtre qu'on veut ouvrir pour éclairer un escalier. L'opinion de M. Lepage, conforme à celle de plusieurs auteurs, est que cette hauteur doit être de l'appui de la fenêtre jusqu'à la marche qu'elle approche de plus près.

Quant au point de départ pour mesurer la hauteur des fenêtres qui sont destinées à éclairer les autres pièces d'une maison, nous n'y trouvons aucune difficulté. Elle doit être prise *du plancher ou du sol de la chambre qu'on veut éclairer.* Ces termes employés dans la loi nous paraissent non équivoques, quelle que soit la hauteur du sol du voisin. C'est l'avis de M. Pardessus et de M. Paillet M. Solon dit que ces opinions ne doivent pas être suivies ; il donne pour raison que ces ouvertures pourraient se trouver quelquefois au niveau du sol du voisin et que celui-ci ne serait pas à l'abri des regards indiscrets. En conséquence, il pense que la hauteur doit être conservée, non-seulement du côté de la chambre, mais encore du côté du voisin. Nous préférons l'opinion de MM. Paillet et Pardessus. M. Lepage a sur ce point une opinion conforme à celle de ces Messieurs. Voici ce qu'il dit dans son nouveau *Desgodets*, page 191 : « Il n'est pas étonnant que les législateurs, pour résoudre toutes les difficultés résultant de l'inégalité des niveaux, aient exigé que la hauteur à observer pour percer des vues légales soit mesurée à partir du carreau ou parquet sur lequel on marche dans la chambre qu'on veut éclairer. Cette règle est si positive, qu'on ne peut pas se permettre de l'interpréter. De plus, les cas où elle cause des incommodités au voisin sont si rares, et ces incommodités sont si peu considérables, qu'il vaut mieux les supporter que de s'écarter de la règle prescrite; les interprétations que chacun voudrait adopter donneraient lieu à des contestations plus fâcheuses que l'inconvénient qu'on chercherait à éviter. »

On ne peut avoir des vues droites, ou fenêtres d'aspect, ou balcons, ou autres semblables saillies, sur l'héritage clos ou non clos de son voisin, s'il n'y a dix-neuf décimètres de distance entre le mur où on les pratique et ledit héritage. (Art. 678, C. *c*.)

On ne peut avoir des vues par côté ou obliques sur le même héritage, s'il n'y a six décimètres de distance. (Art. 679, C. *c*.)

La distance dont il est parlé dans les deux articles précédents, se compte depuis le parement extérieur du mur où l'ouverture se fait, et s'il y a balcon ou autres semblables saillies, depuis leur ligne extérieure jusqu'à la ligne de séparation des deux propriétés. (Art. 680, C. *c*.)

Le législateur, dans la rédaction de ces deux articles, a oublié d'indiquer la manière de mesurer la distance des vues obliques; car il est évident qu'en disant depuis le parement extérieur du mur où l'ouverture se fait, cela ne peut s'entendre que des vues droites, puisque le parement extérieur d'un mur se continue jusqu'à l'angle ou à l'extrémité de ce mur, qui peut toucher à ce point la propriété d'autrui; mais la manière de mesurer la distance des vues de côté ou obliques jusqu'à la propriété du voisin ne peut présenter aucune difficulté; car il est évident que cette distance doit être comptée depuis l'arête extérieure du pied droit formant le tableau de la fenêtre, qui se trouve le plus près de la propriété du voisin. Observons que la même fenêtre a des vues droites et des vues obliques. Les vues droites sont toutes les lignes perpendiculaires que l'on peut mener sur l'étendue de la largeur de l'ouverture, et les vues obliques sont tous les rayons horizontaux partant de l'arête extérieure des pieds droits et compris dans l'angle droit formé par le parement du mur et la perpendiculaire au parement de ce mur qui tombe sur cette même arête. Ainsi tous les rayons devront avoir au moins six décimètres, et les rayons perpendiculaires au parement du mur dix-neuf décimètres.

La distance des balcons ou des terrasses se mesure à partir de la ligne extérieure de la balustrade ou du mur d'appui ; elle doit avoir dix-neuf décimètres sur les côtés comme sur le devant, puisqu'en se retournant on peut regarder en face sur la propriété voisine, tout aussi bien des deux bouts du balcon que de la face principale.

Si les distances voulues par les articles 678 et 679 du Code civil, n'ont pas été observées et que le voisin ait souffert les ouvertures pendant trente ans sans se plaindre, il ne lui est plus permis de les faire fermer. Il ne peut même faire aucune construction qui soit de nature à paralyser ce droit, et s'il veut faire bâtir, il est dans l'obligation d'observer la distance prescrite par les articles 678 et 679 précités.

Cette décision, admise sous l'ancienne jurisprudence de Toulouse, a été fortement contestée de nos jours. Cependant elle est aujourd'hui consacrée par la cour de cassation et la cour de Colmar, dont les arrêts sont rapportés par Sirey, vol. 36, part. 1re, page 529 et 604, et par un arrêt de la cour de Paris, du 3 juin 1836.

De ce que nous venons de dire, on peut tirer la conséquence que la faculté d'acheter la mitoyenneté d'un mur se trouve prescrite par le laps de trente ans qui s'est écoulé depuis que les ouvertures y ont été construites.

La faculté d'acquérir la mitoyenneté d'un mur, établie d'une manière générale par l'art. 661 du Code civil, n'autorise pas celui qui veut en user à supprimer les jours de vue ou fenêtres ouvrantes que le propriétaire du mur a acquis par prescription.

Ce principe vient encore d'être consacré par arrêt de la cour de Bastia, du 28 août 1846.

*Voici l'espèce :*

M. le comte Jérôme Pozzo-di-Borgo possède, à Ajaccio, une maison qui a, d'ancienne date, une fenêtre ouvrante et d'aspect sur une terrasse et sur une cour des sieurs Ponte. Sur cette terrasse, qui joint le mur de la maison Pozzo-di-Borgo, est une pièce construite en simples briques, qui est dominée, elle aussi, par la fenêtre de M. Pozzo-di-Borgo.

En 1842, les sieurs Ponte ayant entrepris d'exhausser cette pièce et de boucher la fenêtre de M. Pozzo-di-Borgo, Mme Pozzo-di-Borgo, en sa qualité de tutrice légale de son fils mineur, les a fait assigner devant le tribunal civil d'Ajaccio pour faire déclarer qu'ils n'avaient pas le droit de boucher cette fenêtre, laquelle constituait une servitude de vue acquise, par une possession même plus que trentenaire, et que les ouvrages par eux entrepris à l'effet de faire cesser cette servitude seraient démolis dans le délai de 24 heures.

Les sieurs Ponte soutenaient de leur côté que la fenêtre du sieur Pozzo-di-Borgo ne devait être considérée que comme une vue de pure tolérance, et qu'au surplus en leur attribuant le droit de rendre mitoyen le mur où se trouvait cette fenêtre, l'art. 661 du Code civil leur donnait aussi implicitement celui de la boucher. Ils demandaient en conséquence à acquérir la mitoyenneté du mur.

Ces dernières conclusions furent accueillis par le tribunal d'Ajaccio, et la demanderesse fut rejetée de sa demande.

Sur l'appel, un premier arrêt ordonna des enquêtes et une descente sur les lieux, et, à la suite de toutes ces opérations, intervint, le 28 août 1846, un arrêt infirmatif de la cour de Bastia, qui statua en ces termes :

ARRÊT.

La Cour,

En ce qui touche le mérite de l'appel de la partie de M. Lusinchi, quant au fond :

Considérant qu'il résulte des pièces versées au procès que la fenêtre dont s'agit est une fenêtre d'aspect ou vue droite, qu'elle ne peut être considérée comme un jour de souffrance ; que, par conséquent, elle constitue une servitude continue et apparente susceptible de prescription ;

Considérant qu'il résulte suffisamment en l'état de l'enquête et contre-enquête que la partie de Lusinchi jouit de ladite fenêtre depuis plus de trente ans ; que, dès lors, c'est à bon droit qu'elle invoque la prescription ;

Considérant que les principes de la loi sur la mitoyenneté ne sauraient être invoqués au mépris des droits acquis ;

Par ces motifs ;

Infirme le jugement dont est appel ;

Dit que les frères Ponte n'ont pas le droit de supprimer la fenêtre d'aspect de la partie de Lusinchi, laquelle dite fenêtre se trouve au-dessus de la terrasse ; ordonne que les frères Ponte démoliront dans le délai de six jours qui suivront la notification du présent arrêt, les ouvrages par eux pratiqués et masquant la fenêtre dont s'agit, et qu'ils rétabliront les lieux dans leur état primitif.

C'est toujours là un point de grave difficulté.

La cour de cassation, par arrêt du 10 janvier 1810, s'était prononcée pour la suppression des fenêtres ouvrantes, et telle avait été aussi la jurisprudence de la cour de Bastia, dans ses arrêts du 19 octobre 1834 et 25 mai 1839 ; d'autres cours royales avaient aussi adopté ce sentiment, qu'ont soutenu MM. Merlin, Toullier, Pardessus et Dalloz aîné. Mais la cour de cassation a abandonné sa première jurisprudence et proclamé une doctrine conforme à la solution présente, par arrêts des 1er décembre 1835 et 21 juillet 1836.

La cour de Bastia, dont émane l'arrêt ci-dessus rapporté, a, de même, répudié ses anciennes doctrines. Ce dernier système compte, au surplus, en sa faveur un grand nombre de décisions de cours royales, notamment celle de la cour de Bordeaux, dans son arrêt du 27 juin 1845. Il a été embrassé par MM. Duranton, N° 236, Duvergier dans ses notes sur Toullier, N° 536, et Mercadé, sur l'art. 679 *in fine*.

La servitude de vue peut s'acquérir non-seulement par la prescription, comme on vient de le voir, mais encore par la destination du père de famille et même par les conditions spécifiées dans l'article 694 du Code civil, dont nous avons fait l'application au chapitre *des servitudes relatives aux eaux*.

# CHAPITRE HUITIÈME.

## DES FOSSÉS MITOYENS.

Tous fossés entre deux héritages sont présumés mitoyens, s'il n'y a titre ou marque du contraire. (Art. 666, *C. c.*)

Il y a marque de non mitoyenneté, lorsque la levée ou le rejet de la terre se trouve d'un côté seulement du fossé. (Art. 667. *C. c.*)

Le fossé est censé appartenir exclusivement à celui du côté duquel le rejet se trouve. (Art. 668. *C. c.*)

Le fossé mitoyen doit être entretenu à frais communs. (Art. 669, *C. c.*)

On peut induire de ce qui précède : 1° que, si les terres ont été jetées en partie sur un bord en partie sur l'autre, le fossé est censé mitoyen, tout comme si on ne trouve aucune trace du rejet des terres ; 2° qu'à l'égard du fossé mitoyen chaque propriétaire est censé avoir fourni le terrain nécessaire pour la moitié de la largeur en la mesurant d'un bord à l'autre par le haut.

Pour la bonne construction d'un fossé, il faut que ses talus soient proportionnés à la profondeur et à la nature du terrain. La règle la plus commune pour les terres ordinaires est de donner à la base du talus une largeur égale à la profondeur du fossé. Cette règle est adoptée par l'administration des ponts et chaussées pour les talus des routes dans les déblais. Nous ne pensons pas qu'il soit permis de s'en écarter, à moins que le fossé ne soit creusé dans le roc.

Indépendamment de cette observation, le propriétaire du fossé est obligé de laisser du côté du voisin trente-deux centimètres de large de son propre terrain, entre la ligne de séparation et l'arête du fossé, pour que les dégradations que le temps cause aux berges n'atteignent pas l'héritage contigu. C'est aussi une précaution pour que le voisin puisse cultiver jusqu'à la dernière limite de sa propriété sans entamer le fossé.

Les coutumes ni le Code civil ne prescrivent rien à cet égard. Ce n'est qu'un usage introduit sagement et prescrit par les architectes. Il suit de cet usage que le propriétaire d'un fossé est censé aussi propriétaire d'un espace de trente-deux centimètres au-delà du fossé.

C'est l'opinion de M. Lepage, appuyée sur celle de Desgodets. M. Solon dit, en citant Toullier, que le propriétaire qui a besoin de faire un fossé, soit pour recevoir les eaux, soit pour empêcher les bestiaux de dégrader son champ, doit laisser un franc bord de cinquante centimètres entre son fossé et la ligne divisoire.

Il n'y a rien de prescrit à l'égard de la profondeur à donner aux fossés. Chaque propriétaire la fixe comme il veut, et si le fossé est mitoyen, les deux propriétaires doivent s'entendre sur la profondeur à donner.

On n'est pas forcé à céder la mitoyenneté des fossés comme celle des murs.

La mitoyenneté d'un fossé étant l'effet d'un consentement mutuel et par conséquent l'objet d'une société, les deux propriétaires doivent le jouir en commun et l'entretenir de même.

Si le fossé mitoyen produit du poisson chacun doit en avoir sa part, et la manière de le pêcher doit être réglée par titre ou par l'usage des lieux. L'un des propriétaires ne peut, sans le consentement de l'autre, employer des moyens pour détruire le poisson. Enfin toutes les productions quelconques doivent profiter à l'un et à l'autre.

L'un des voisins peut renoncer à la mitoyenneté du fossé tout comme à la mitoyenneté d'un mur, et en abandonner la propriété à l'autre pour s'affranchir de la contribution aux réparations ou à l'entretien. Tous les auteurs sont d'accord sur ce point, excepté, toutefois, que le fossé serve à recevoir les eaux du propriétaire qui propose l'abandon, ou bien, encore, à recevoir un ruisseau ou à écouler les eaux pluviales d'une commune, ou à en dessécher les terres. Dans ces deux derniers cas, il ne serait pas même permis aux deux propriétaires de le supprimer, car il serait à leur égard une des servitudes naturelles dont il est parlé dans l'article 640 du Code civil.

Dans le cas où le fossé contient de l'eau dormante, s'il est impossible de la supprimer sans porter préjudice aux terres adjacentes, l'un des propriétaires ne peut pas forcer l'autre à accepter l'abandon. C'est l'opinion de Goupi.

Lorsque le fossé mitoyen n'est pas d'une nécessité absolue, au lieu d'en faire l'abandon, l'un des propriétaires peut en combler la moitié et même construire un mur de clôture jusqu'à la ligne divisoire, tout comme si le fossé n'existait pas.

Tous les propriétaires possédant bois joignant forêts et buissons de l'Etat, sont tenus de les en séparer par des fossés de quatre pieds (un mètre trente centimètres) de largeur, et cinq pieds (un mètre soixante-deux centimètres de profondeur, et de les entretenir dans cet état, à peine de réunion. (Ordonnance des eaux et forêts de 1669, tit. 27, art. IV.)

Ces fossés doivent se prendre sur les terres des riverains, et la terre qui en provient doit se jeter du côté de la forêt.

M. Solon, dans son *Traité des servitudes*, N° 184, s'appuyant des opinions de Desgodets et Henris, au sujet de la propriété d'un fossé, s'exprime ainsi :

« Pour décider de la propriété d'un fossé, la première » chose à considérer, ce sont les titres de propriété des » immeubles entre lesquels ce fossé se trouve placé ; c'est » dans les contenances de ces immeubles, dans leurs con- » frontations, ou dans les autres indications de ces titres » que l'on trouve les renseignements nécessaires ; et celui » des deux propriétaires qui trouve dans son titre la preu- » ve de son droit à la propriété exclusive du fossé, n'a » rien de mieux à faire qu'à demander l'adaptation de ce » titre.

» A défaut de clarté dans les titres, l'existence de » bornes anciennes et indicatives de la ligne divisoire, les » suppléent parfaitement ; la présomption résultant de la » plantation de ces bornes, l'emporte de beaucoup sur » celle du rejet de la terre provenant du recurage.

» Si les immeubles ne sont pas séparés par des bornes, » si les contenances sont incertaines, si le titre ne donne » pas d'indication suffisante, sur l'établissement du fossé, » sur sa destination, il est nécessaire de recourir aux pré- » somptions. »

## CHAPITRE NEUVIÈME.

### DES HAIES.

On distingue deux espèces de haies : *la haie vive* et *la haie sèche.*

La haie vive est formée d'une plantation d'arbrisseaux, ou d'arbustes qui ont pris racines et qui ont besoin de culture.

La haie sèche est faite avec du bois coupé, comme par exemple des pieux enfoncés dans les terres et entrelacés de branches d'arbres, ce qu'on appelle vulgairement *palissade.*

Toute haie qui sépare des héritages, est réputée mitoyenne, à moins qu'il n'y ait qu'un seul des héritages en état de clôture, ou s'il n'y a titre ou possession suffisante du contraire. (Art. 670, *C. c.*)

Il résulte de la disposition de cet article que, de quelle nature que soit la clôture d'un héritage entièrement clos, si une partie de cette clôture est formée d'une haie et que l'autre héritage qui aboutit à cette haie ne soit pas en état de clôture, la haie appartient au propriétaire de l'héritage qui se trouve fermé de toutes parts, à moins que le propriétaire voisin n'ait, pour revendiquer cette propriété, un titre ou une possession de trente ans.

Une haie plantée sur le bord d'un fossé est présumée appartenir au propriétaire de l'héritage que cette haie sépare du fossé, lors même que ce fossé appartiendrait exclusivement au propriétaire de l'héritage voisin, à moins que le contraire fût évidemment démontré par l'existence de bornes ou d'un titre.

L'entretien et les réparations d'une haie sèche ou vive sont à la charge de celui à qui elle appartient, il peut en disposer à sa volonté. Si la haie est mitoyenne, l'entretien et les réparations se font à frais communs, et l'un quelconque des propriétaires peut être contraint par l'autre à contribuer aux dépenses nécessaires pour cet entretien ou ces réparations.

Les arbres qui se trouvent dans la haie mitoyenne sont mitoyens, comme la haie, et chacun des deux propriétaires a le droit de requérir qu'ils soient abattus. (Art. 673, C. *c*.)

La disposition de cet article doit recevoir son application quel que soit l'âge des arbres. On ne peut, à cet égard, acquérir de prescription. L'abattage de ces arbres se fait à frais communs et le bois en provenant appartient aux deux propriétaires, par égale part.

Les articles 671 et 672 du Code civil fixent à un demi-mètre de distance de la propriété voisine la plantation des haies vives, et permettent de faire arracher celles qui sont plantées à une distance moindre.

Il est reconnu qu'en coupant les racines d'une haie vive à un demi-mètre de distance de la ligne sur laquelle elle est plantée, on ne nuit point à sa végétation. Le contraire aurait lieu si on coupait les racines à une moindre distance. Donc il ne doit pas être permis de creuser des fossés ou rigoles quelconques à une distance moindre que celle d'un demi-mètre le long des haies mitoyennes, parce qu'il en résulterait un préjudice pour la haie.

Il n'y a point de distance à observer pour la construction des haies sèches.

Le Code civil ne désignant pas l'espèce d'arbres, arbrisseaux ou arbustes dont une haie vive doit être fermée, on est fondé à croire qu'il doit être permis de la composer indistinctement de toutes les espèces, pourvu qu'on ne les laisse élever qu'à la hauteur ordinaire des haies, soit en les ployant, soit en les coupant à cette hauteur.

La propriété exclusive d'une haie peut s'acquérir par une jouissance non interrompue pendant trente ans.

On ne peut contraindre le propriétaire d'une haie vive qui sépare deux héritages à vendre la mitoyenneté de cette haie, comme on le pourrait à l'égard d'un mur de clôture, parce que le Code n'a pas étendue cette faculté aux haies séparant deux héritages, et que d'ailleurs celui qui a planté étant présumé avoir laissé la distance prescrite par l'article 671 du Code civil, on ne peut pas dire que la haie joigne *immédiatement l'héritage voisin, condition* qui serait essentielle.

Par arrêt de la cour de Colmar, le 18 nov. 1845, il a été jugé qu'il y a présomption légale que celui qui possède sur son terrain une haie non mitoyenne a planté cette haie en observant la distance prescrite par l'art. 671 du Code civil ou les réglements locaux, et que par suite, il est propriétaire du terrain qui représente cette distance, et que la distance prescrite entre une haie et les héritages contigus doit être calculée à partir du centre de la haie, et non du pied de cette haie.

La même cour a rendu la même décision à l'égard des plantations d'arbres.

A l'égard de haies sèches qui seraient plantées sur l'extrême limite, la question paraîtrait devoir être résolue dans un sens différent, puisqu'aux termes de l'article 670 du Code civil, elle est censée mitoyenne à moins qu'il n'y ait qu'un seul héritage en état de clôture ; mais la loi étant tout à fait muette sur ce point, nous ne pensons pas qu'on puisse être forcé à vendre cette mitoyenneté.

## CHAPITRE DIXIÈME

### DES PLANTATIONS D'ARBRES.

Il n'est permis de planter des arbres de haute tige qu'à la distance prescrite par les réglements particuliers actuellement existant, ou par les usages constants et reconnus ; et à défaut de réglements et usages, qu'à la distance de deux mètres de la ligne séparative des deux héritages pour les arbres à haute tige, et à la distance d'un demi-mètre pour les autres arbres. (Art. 671, *C. c.*)

La loi romaine voulait qu'on ne pût planter les oliviers et les figuiers qu'à une distance de neuf pieds (2 mètres 94 centimètres) du fonds voisin. Pour les autres arbres, elle se bornait à exiger la distance de cinq pieds (un mètre 63 centimètres). La coutume de Paris (art. 192) étendit aux chênes, aux ormes, aux marronniers, aux tilleuls, aux charmes et autres arbres de cette espèce, la disposisition de la loi romaine restreinte aux oliviers et aux figuiers.

Les usages de l'ancienne province de Languedoc et notamment la coutume de Toulouse, ne faisaient aucune différence relativement à la qualité des arbres. Il était défendu de faire aucune plantation à une distance moindre de douze pans (trois mètres) du champ voisin.

Dans plusieurs localités on se bornait à reconnaître la nécessité d'arracher les arbres qui portaient préjudice au voisin, quelle que fût, d'ailleurs, la distance à laquelle ils auraient été plantés. Cette manière de voir avait été adoptée pour la province du Languedoc, dans les dernières années qui précédèrent le Code civil.

Serres (*Instit. du droit français*, liv. 2, tit. I, § 31.) dit qu'on n'observe pas la distance de cinq pieds, prescrite par la loi romaine, pourvu que les arbres soient au-dessous du soleil, ou que les ruines n'endommagent pas le mur du voisin.

Dans le ressort du parlement d'Aix, l'ancien statut fixait la distance des plantations à cinq pieds et demi (18 décimètres).

La coutume d'Orléans (art. 259) ne permet pas d'approcher plus près de quatre toises (7 mètres 80 centimètres) de l'héritage voisin, la plantation des chênes, des noyers et des ormes. Les commentateurs, l'usage et la jurisprudence font connaître que pour les autres grands arbres le droit romain était suivi généralement.

Aujourd'hui le Code civil doit faire sur cette matière le droit commun de la France, toutes les fois que les réglements et usages locaux ne seront pas bien démontrés.

La mesure de la distance légale se prend par une ligne droite partant du centre de la tige de l'arbre et joignant, par le chemin le plus court, la ligne qui sépare les deux héritages. La loi ordonnant d'observer la distance qu'elle prescrit, seulement lors de le plantation, l'arbre peut librement prendre de la grosseur sans constituer une contravention.

Le voisin peut exiger que les arbres et haies vives plantés à une distance moindre que celle prescrite par l'article 371 du Code civil, soient arrachés.

Dans ce cas il faut savoir ce que l'on doit entendre par arbres à haute ou basse tige. La loi ne distinguant pas les espèces, il nous paraît que la haute tige peut se rapporter à toutes les espèces que l'on laisse monter librement, et que toutes les espèces d'arbres peuvent être tenues à basse [illegible] tige, si on les empêche de monter ou de s'élever au-dessus de la hauteur ordinaire des haies vives. Napoléon Landais, dans son dictionnaire si célèbre, donne à ce sujet la définition suivante : « *Arbre à haute tige* ou simplement *haute* » *tige*, se dit d'arbres fruitiers dont on laisse la tige s'éle- » ver ; *arbre à basse tige* ou simplement *basse tige*, de » ceux dont on empêche la tige de s'élever. » Nous nous croyons donc fondé à penser que la haute et basse tige peuvent caractériser indistinctement toutes les espèces d'arbres et qu'il n'y a que les arbustes et les arbrisseaux qui puissent être considérés, de leur nature, comme des basses tiges. Encore voit-on souvent des arbrisseaux, comme l'aubépine, par exemple, qui s'élèvent assez haut pour être considérés comme haute tige.

Toute la difficulté qui peut se présenter à ce sujet c'est de déterminer la limite de la hauteur de la basse tige. La loi et les auteurs que nous avons lus sont tous muets sur ce point. Notre opinion serait que la hauteur des haies vives ne devrait pas excéder celle fixée pour les murs de clôture, puisque les haies ne sont plantées que pour servir de clôture aux héritages et que cette hauteur est plus que suffisante pour l'usage auquel les haies sont destinées, on en voit même rarement qui atteignent cette hauteur. Elle est fixée, pour le mur de clôture, à trente-deux décimètres dans les villes de cinquante mille âmes et au-dessus, et à vingt-six décimètres dans les autres. Or, il serait absurde de penser qu'un propriétaire fût autorisé à se plaindre de ce que son voisin laisserait derrière son mur de clôture des arbres s'élever jusqu'à cette hauteur sans la dépasser, si ces arbres étaient plantés à la distance voulue pour les basses tiges. Mais quoique le législateur ait prescrit des hauteurs différentes, qui sont subordonnées au nombre d'habitants dans les villes et faubourgs, il ne faut pas croire qu'il doive en être de même pour la hauteur des arbres.

La raison qui a suggéré l'idée de prescrire ces diverses hauteurs c'est que, plus il y a de monde dans une localité, plus on y est exposé aux vols, et plus, conséquemment, les mesures de défense doivent être grandes ; mais ceci ne doit influer en rien sur la hauteur des basses tiges ni sur les haies qui peuvent être plantées en dehors des villes. Cette hauteur doit être considérée comme bien suffisante en la fixant à la moindre des deux, dont nous venons de parler, c'est-à-dire à vingt-six décimètres seulement.

Celui sur la propriété duquel avancent les branches des arbres du voisin, peut contraindre celui-ci à couper ces branches ; si ce sont les racines qui avancent sur son héritage il a droit de les y couper lui-même. (Art. 672, *C. c.*)

Cet article est une conséquence de la disposition de l'article 552 du même Code, d'après laquelle la propriété du sol emporte celle du dessus et du dessous. Il en résulte que si la tige de l'arbre était inclinée suffisamment pour qu'elle s'avançât sur la propriété du voisin, celui-ci aurait le droit de faire couper non-seulement les branches qui s'avanceraient sur son terrain, mais encore toute la partie de la tige qui aurait dépassé la ligne divisoire des deux héritages, sans que le propriétaire de l'arbre pût se prévaloir de la prescription motivée sur une jouissance de trente ans. Car on ne pourrait pas supposer que le propriétaire de l'arbre eût jamais eu l'intention de faire une plantation inclinée, puisque ce serait vouloir faire prendre à la végétation une direction contraire aux lois de la nature. Les arbres suivent naturellement dans leur croissance la ligne verticale, et ces sortes d'inclinaisons que nous leur voyons quelquefois, proviennent toujours de quelque accident imprévu qui arrive par l'effet, tantôt d'un éboulement, tantôt d'un coup de vent, etc. ; quelquefois même, d'une surcharge de fruit. Or, il est évident que l'arbre incliné qui s'avance sur la propriété voisine n'est resté longtemps dans cet état que par tolérance. D'ailleurs, en supposant que le propriétaire de l'arbre pût se prévaloir de la possession suffisante pour prescrire, quel avantage en retirerait-il, puisque son voisin pourrait lui faire couper toute les branches? Car, dans notre hypothèse, les branches prenant naissance au haut de la tige, se trouveraient toutes au-dessus de l'héritage du voisin, et en vertu de l'article 672 précité, celui-ci aurait le droit de les faire couper.

Il n'en est pas de même d'un arbre dont la tige, par son inclinaison, ne s'avance pas sur la propriété voisine, et qui, planté ou excru depuis plus de trente ans, ne se trouverait pas à la distance légale. Nous pensons que dans ce cas le propriétaire de l'arbre, s'il est prouvé qu'il soit planté ou excru depuis au moins trente ans, le droit du voisin se réduirait alors à faire raccourcir les branches qui s'étendraient sur son fonds de toute la longueur qui dépasserait la ligne divisoire, tout comme il aurait ce même droit à quelle distance que l'arbre de son voisin se trouvât planté.

Il n'est pas rare de voir des procès pour faire décider quels sont les arbres qui, n'étant pas à la distance légale, sont suffisamment vieux pour que le propriétaire de ces arbres puisse jouir du bénéfice de la prescription trentenaire. Ces sortes de procès sont presque toujours soumis au jugement des experts. Ceux-ci reconnaissent ordinairement, par l'expérience qu'ils ont acquise, si l'arbre est âgé de plus ou moins de trente ans. Dans le plus grand nombre de cas, cette vérification est facile, comme par exemple dans le cas où l'arbre a depassé l'âge de quarante ans ou qu'il n'a pas dépassé celui de vingt; mais lorsque son âge se rapproche de trente ans, soit en plus soit en moins, la vérification peut devenir difficile. Il est même souvent impossible de pouvoir porter un jugement certain, sans recourir aux moyens fournis par la nature et que nous allons décrire :

Le seul moyen de porter un jugement certain sur l'âge d'un arbre appartenant à la classe des dycotylédons, tels que le chêne, le châtaignier, le noyer, l'orme, le prunier, etc., c'est de l'abattre et de compter le nombre de couches concentriques qu'il offre à son intérieur et qui est toujours égal au nombre d'années qu'on cherche à connaître ; parce que, chaque année, la couche la plus intérieure du liber se convertit en aubier, la plus intérieure de l'aubier en bois ; de telle sorte qu'il s'ajoute tous les ans une nouvelle zône concentrique à celles qui existaient déjà. On peut donc compter le nombre d'années d'un arbre par celui des couches concentriques que l'on observe sur la coupe transversale de la tige ; mais il faut que cette coupe soit faite à la base du tronc, pour que le nombre des couches ligneuses corresponde exactement au nombre des années de l'arbre. On trouverait une couche de moins si la coupe se faisait à la hauteur de la seconde pousse, deux de moins à la hauteur de la troisième , etc.

Il est des arbres, dans la classe des monocotylédons, dont on peut aisément connaître l'âge sans les couper, pourvu qu'ils ne soient pas trop vieux. Tels sont, par exemple, les pins et les sapins. Au bout de la première année, on voit au sommet de la tige un bourgeon conique d'où part un verticille de jeunes rameaux, au centre desquels en est un qui s'élève verticalement : c'est lui qui est destiné à continuer la tige. A la fin de la seconde année, de son sommet, part également un semblable bourgeon qui présentera les mêmes phénomènes dans son développement. Ainsi l'on peut connaître dans ces arbres le nombre de leurs années par le nombre de verticilles de rameaux qu'ils présentent sur leur tige. Les premiers verticilles ont disparu, par la chute des rameaux, au bout d'un certain nombre d'années plus ou moins considérables ; mais leur emplacement reste longtemps constaté par des nœuds qui ne s'effacent que plusieurs années après la chute des rameaux. Ces indices ne s'effacent jamais avant que l'arbre ait atteint l'âge de 30 ans.

Cela posé, nous allons maintenant indiquer les moyens à employer pour décider si des arbres plantés depuis un certain nombre d'années se trouvent à la distance légale, et dans le cas contraire quels sont ceux qui doivent être enlevés : il faut : 1° jalonner avec précision la ligne divisoire des deux propriétés, en ayant soin de placer un jalon vis-à-vis chaque arbre dont la légalité de la distance est douteuse ; 2° mesurer leur distance de la tige à la ligne divisoire de la manière que nous l'avons indiqué à la page 144 ; 3° signaler ceux qui se trouvent à une distance moindre que celle prescrite par la loi ; 4° à défaut de preuve de l'époque de leur plantation, commencer par faire couper ceux dont le seul aspect fait assez connaître qu'ils ont moins de trente ans ; continuer successivement l'abattage de ceux qui paraissent les moins vieux jusqu'à ce qu'on arrive à la coupe de l'arbre qui a trente-deux ans au moins ; car il faut bien supposer que l'arbre avait deux ans lorsqu'il a été planté, et comme il faut une jouissance de trente ans pour prescrire, il faut que l'âge de l'arbre soit au moins de trente-deux ans pour qu'il puisse être conservé dans sa situation.

Si l'âge de l'arbre qui paraît le plus jeune était douteux pour les trente-deux ans, et que le propriétaire ne pût pas prouver qu'il a été planté depuis au moins trente ans, il faudrait ordonner qu'il fût abattu quel que fût son âge ; dans ce cas il doit suffire qu'il paraisse avoir moins de trente-deux ans. Les apparences douteuses doivent toujours s'interpréter en faveur de celui qui souffrirait un préjudice par l'ombrage de l'arbre en litige. En règle générale il ne faut admettre le bénéfice de la prescription que lorsqu'il n'existe aucun doute sur l'accomplissement du laps de temps nécessaire pour l'acquérir.

# CHAPITRE ONZIÈME.

## DU DROIT DE PASSAGE.

Le propriétaire dont les fonds sont enclavés, et qui n'a aucune issue sur la voie publique, peut réclamer un passage sur les fonds de ses voisins, pour l'exploitation de son héritage, à la charge d'une indemnité proportionnée au dommage qu'il peut occasionner. (682, *C. c.*)

Le passage doit régulièrement être pris du côté où le trajet est le plus court du fonds enclavé à la voie publique. (683, *C. c.*)

Néanmoins, il doit être fixé dans l'endroit le moins dommageable à celui sur le fonds duquel il est accordé. 684, C. *c.*)

L'action en indemnité, dans le cas prévu par l'article 682 précité, est prescriptible et le passage doit être continué, quoique l'action en indemnité ne soit plus recevable. (685, C. *c.*)

Il résulte de la disposition des articles que nous venons de rapporter : 1° que ce n'est que pour l'exploitation d'un héritage enclavé qu'il est permis de réclamer un passage sur le fonds de son voisin ; 2° que le propriétaire du fonds qui doit fournir le passage a droit à une indemnité ; 3° que l'action en indemnité est prescriptible ; 4° que le passage doit être pris régulièrement du côté où le trajet est le plus court et dans l'endroit le moins dommageable.

La jurisprudence a admis qu'on doit considérer comme passage nécessaire, celui sans lequel il serait presque impossible d'exploiter un champ. Ainsi, il est positif que le passage peut être réclamé par celui qui ne pourrait aboutir à son fonds que par bateau. La servitude est encore due si le passage existant offrait des dangers tels qu'il ne serait pas prudent de s'y exposer. (Favard de Langlade, v° *servitude*, sect. II, § 7, N° 1.) Sans des motifs semblables, la servitude de passage ne peut être accordée à celui qui en fait la demande, que lorsqu'il n'a pas d'autre moyen d'aboutir de la voie publique à son héritage.

La cour royale de Paris, par un arrêt du 24 mai 1844, confirmé par arrêt de la cour de cassation, le 25 novembre 1845, a jugé que la constatation de l'état d'enclave résulte juridiquement de la décision qui établit que la seule issue possible ne serait praticable qu'au moyen de dépenses qui excéderaient la valeur de l'héritage, et qui ne procureraient d'ailleurs qu'un passage périlleux ; qu'il n'est pas indispensable que la direction du passage accordé soit déterminée par le jugement ; que l'obligation de payer une indemnité, imposée aux enclaves, n'est ni indivisible ni solidaire, et qu'elle peut être proportionnellement répartie ; que cette indemnité peut être fixée à une somme annuelle proportionnelle au dommage causé.

Les juges ne s'écartent de la règle établie par l'article 682 du Code civil qu'après avoir fait procéder à une expertise. C'est encore par des experts que doit être indiqué le le trajet à suivre et le moins dommageable, si les parties ne peuvent en demeurer d'accord. Le mot *régulièrement*, employé par le législateur dans l'article 683 du Code civil, prouve que celui-ci n'a pas entendu exiger impérieusement que le trajet le plus court fût toujours suivi. Il doit être permis, en conséquence, de s'en écarter toutes les fois qu'il faudrait faire des travaux dispendieux pour rendre le passage possible ; comme, par exemple, s'il fallait construire un pont, un grand mur de soutènement, un déblai considérable dans le roc, etc.

Il y a encore nécessité de recourir à des experts si les parties ne sont pas d'accord sur le montant de l'indemnité, et tous les frais sont à la charge de celui qui demande le passage. Cependant si le demandeur en réclamant le passage faisait une offre réelle d'une somme d'argent et que le défendeur refusât de l'accepter comme trop minime, celui-ci devrait être passible des frais d'expertise, si l'évaluation faite par experts était inférieure au prix offert par le demandeur.

Celui qui doit fournir le passage n'est pas obligé d'aliéner la partie de terrain sur laquelle doit se faire le trajet ; il peut, au contraire, si cela lui paraît moins onéreux, le fournir alternativement chaque année, tantôt sur un point, tantôt sur un autre, et cultiver successivement les deux directions pourvu qu'il en laisse toujours une de libre, si toutefois ce changement n'est pas nuisible au propriétaire qui a droit au passage.

« Le droit de passage peut être réclamé dès l'instant qu'il devient nécessaire. Si donc le propriétaire d'un fonds en change le mode d'exploitation, qu'il y établisse un grangeage, une auberge, etc., et qu'à raison du nouvel établissement l'issue qu'il avait pour arriver à la voie publique soit insuffisante, alors il peut prendre sur le voisin, le passage que le changement de sa propriété a rendu indispensable.

» Celui qui a besoin de passage doit s'adresser, de préférence, soit à ses copartageants, si le terrain enclavé lui provenait d'un partage, soit à son vendeur, soit au donateur ou aux héritiers de celui qui lui aurait donné ou légué. En cas de vente, de donation ou de partage d'un fonds, les parties sont censées avoir consenti à la servitude nécessaire à la desserte. Les voisins pourraient donc se refuser à livrer passage, lors même que le trajet sur leurs fonds, serait le plus court. » (Curasson, *Traité de la compétence des juges de paix*, deuxième partie, N° 77.)

Pour évaluer l'indemnité due au propriétaire du fonds servant, il faut considérer si le passage doit s'exercer toujours sur le même point, ou s'il doit être effectué tantôt sur un point tantôt sur un autre. Au premier cas, l'indemnité doit être plus considérable, puisque le propriétaire qui fournit le passage se trouve toujours privé de la récolte qu'il en aurait pu retirer. C'est la valeur du produit annuel que pourrait donner l'emplacement du chemin, qui doit servir de base à l'évaluation de l'indemnité. Les experts pour déterminer ce produit commenceront par mesurer la longueur et la largeur nécessaire au chemin, dont ils connaîtront par ce moyen la surface. La qualité du sol qu'ils doivent apprécier les fixera sur le produit annuel que pourrait donner cette surface. Ils n'auront ensuite qu'à capitaliser la valeur de ce produit sur le taux ordinaire auquel on achète les terres dans la localité. La valeur de ce produit, ainsi capitalisée, formera le montant de l'indemnité. Si ce passage devait causer d'autre préjudice, les experts devront l'évaluer et l'ajouter au montant dont nous venons de parler.

Lorsque le passage devra s'exercer sur divers points alternativement, on conçoit que l'indemnité doit être alors moins considérable si la culture du fonds servant est disposée de manière à laisser, pendant un certain temps, une partie de ce fonds en repos, puisque, dans ce cas, le propriétaire peut retirer de son fonds autant de récolte que si ce fonds n'était pas grevé de servitude de passage. Il faut cependant considérer que l'action du passage, pendant une année entière, en foulant la terre, la comprime excessivement et la rend ainsi beaucoup plus difficile à préparer pour la mettre en état de recevoir la semence.

Lepage, dans son ouvrage intitulé : *Lois des bâtiments*

*ou le nouveau Desgodets*, page 239, dit que l'on ne pourrait pas forcer le propriétaire du fonds enclavé à payer un capital pour acquérir le droit de passage à perpétuité. Comment qu'il en soit, les experts doivent toujours suivre la même base pour cette évaluation, et si le jugement qui les commet pour procéder à l'évaluation de cette indemnité ne s'explique pas clairement et les laisse dans l'incertitude de fixer une redevance annuelle ou un capital, ils doivent présenter dans leur rapport les deux évaluations ; le tribunal décidera ensuite si c'est le capital ou la redevance annuelle qui devra être payé.

Lorsqu'il s'agit d'établir une servitude de passage, il faut examiner si le fonds enclavé a besoin, pour son exploitation, d'un chemin de piéton ou de bête de somme ou de charrette. Dans les pays de vignoble, par exemple, les vignes en pente rapide sont exploitées à dos d'homme ou à dos de mulet. Au premier cas, un sentier d'un mètre de largeur est suffisant ; pour une bête de somme il faut une largeur de deux mètres ; et enfin on fixe ordinairement à trois mètres de largeur un chemin de charrette.

L'action en indemnité n'est pas recevable si les propriétaires du fonds servant a laissé exercer pendant trente ans la servitude de passage sans réclamer cette indemnité ; le silence prolongé pendant trente ans fait présumer que l'indemnité a été payée, ou que celui à qui elle était due y a renoncé. L'action en indemnité est déclarée prescriptible par l'article 685 du Code civil.

L'article 694 du Code civil, d'après lequel la servitude existant entre deux héritages réunis dans les mains du même propriétaire, continue de subsister en faveur du fonds par lui aliéné, s'applique aussi bien aux servitudes apparentes et discontinues, telles qu'un droit de passage, qu'aux servitudes apparentes et continues. Le même article s'applique, en outre, aussi bien au cas d'aliénation à titre gratuit qu'à celui d'aliénation à titre onéreux. Enfin il s'applique, en cas où la séparation des héritages s'opère, ultérieurement à l'acte de disposition, comme à celui où elle résulte directement et immédiatement de cet acte lui-même. — Et spécialement, la servitude de passage établie par le père de famille entre deux de ses héritages, continue à subsister au profit de l'héritage dominant, lorsque cet héritage vient à être attribué par un partage opéré entre le père de famille et son fils, *donataire d'une quotité de ses biens*, pour remplir ce donataire de la qualité donnée. (Arrêt de la cour de cassation du 17 novembre 1847.)

# CHAPITRE DOUZIÈME.

## DU BORNAGE.

Tout propriétaire peut obliger son voisin au bornage de leurs propriétés contiguës. Le bornage se fait à frais communs. (Art. 646, C. *c.*)

Le mot bornage signifie grammaticalement le fait de planter des bornes. Il s'entend en droit de l'action qu'a un proprietaire de contraindre son voisin à cette opération.

L'opération du bornage a pour objet de déterminer, d'une manière fixe et apparente, la ligne qui sépare deux héritages ; d'empêcher l'usurpation de terrain que des voisins pourraient commettre, soit avec intention, soit par méprise, et de faire restituer ce qui a été perdu par le fait de cette usurpation.

Cette opération est confiée, ordinairement, à des experts-arpenteurs entre les mains desquels les parties intéressées doivent remettre les titres qui s'y rattachent et les renseignement nécessaires.

Les lois rurales n'ayant point donné, jusqu'à présent, des règles sur la manière de placer les bornes, sur les signes caractéristiques qu'il faut leur donner et sur la matière dont elles doivent être faites, il faut suivre à cet égard les usages locaux.

L'usage le plus commun est de placer, sur chaque ligne droite que l'on veut déterminer, trois bornes au moins, savoir : une à chaque extrémité de la ligne et l'autre vers son milieu. A la vérité deux bornes, dont une à chaque extrémité de la ligne suffiraient pour déterminer une ligne droite; mais il est bon d'en placer une troisième intermédiaire. Avec cette précaution, si l'une d'elles vient à disparaître, par quelque cause que ce soit, il sera bien facile de la replacer, en suivant la direction des deux autres.

Si la ligne divisoire est une ligne brisée, c'est-à-dire composée de plusieurs lignes droites, il est bon de déterminer chacune de ces lignes par trois bornes en ayant soin d'en placer deux à chaque point de rencontre et de manière que chacune prenne la direction de la ligne à laquelle elle appartient. A cet effet on place dans un creux fait exprès une pierre méplate, que l'on pose de champ, de telle sorte que sa largeur se trouve parfaitement dans le sens de la ligne que l'on veut déterminer ; en l'enfonçant dans la terre, il ne faut pas oublier que la borne doit rester saillante de dix à quinze centimètres au-dessus du niveau du sol, afin qu'elle soit toujours apparente. La borne doit être placée entre deux parties d'une autre pierre que l'on aura cassée en deux vers le milieu, lesquelles parties pourront se rajuster parfaitement à l'endroit de leur cassure lors d'une vérification. Ces deux pierres se nomment *témoins* de la borne. Elles doivent être entièrement cachées dans la terre. Il y a cependant des pays où on les laisse saillantes au-dessus du sol ; mais on les tient toujours plus basses que la borne. Dans les pays où les pierres méplates sont rares ou difficiles à casser, on met pour *témoins* deux cailloux blancs à peu près d'égale grosseur, ou deux briques, ou morceaux de briques à peu près semblables. Dans ces divers cas, il faut avoir soin de mettre pour borne une pierre d'une nature différente de la nature des *témoins*. Enfin, dans les pays où les pierres sont très rares, il est d'usage de placer pour bornes de longs piquets équarris, que l'on enfonce fortement dans la terre et que l'on ne laisse sortir au dessus du sol que de quinze à vingt centimètres. En général les experts doivent employer les matériaux admis par l'usage des lieux : tantôt ce sont des pierrres, tantôt des coignassiers ou autres arbustes, etc. Cela est d'autant plus nécessaire, que dans le temps on pourrait méconnaître l'effet des plantations des bornes, puisque la jurisprudence n'admet que les bornes proprement dites, c'est-à-dire telles qu'elles sont employées dans l'usage.

Lorsque les parties sont d'accord sur les limites, il n'y a point de difficulté pour le bornage ; mais ce cas est excessivement rare. Les règles que donne M. Solon pour cette opération, dans son *Traité des servitudes*, nous ont paru si judicieuses que nous ne saurions mieux faire que de les rapporter ici en entier :

« Les bornes sont placées sur la ligne divisoire telle » qu'elle est indiquée par le titre, et comme la loi ne trace » pas aux experts la marche qu'ils ont à suivre, on tient, » généralement, qu'ils doivent recourir aux moyens les » plus économiques et les plus convenables pour la décou- » verte de cette ligne et pour l'indication des lieux où doi- » vent être placées les bornes. Leur devoir est cependant » de ne rien faire d'inutile, et toute opération dont l'inu- » tilité serait constatée ne devrait pas être passée en taxe. » (*Arg. d'un arrêt de la cour royale d'Orléans*, *du* **24** » *mars* **1816**, rapporté par Dallos, vol. **17**, part. **2**, p. **40**.) » Voici, du reste, quelques règles plus spéciales, dont » l'exactitude a été reconnue dans la pratique.

» 1re *Règle* : Si un des immeubles qu'il s'agit de bor- » ner est enclavé dans un autre, la contenance du premier » serait la base la plus solide et la plus juste du bornage ; » peu importerait que le fonds environnant n'eût pas la » contenance ; celui qui en serait propriétaire le réclame

» rait à ses autres voisins. Quant au propriétaire, dont le » fonds est enclavé, il est évident qu'il ne peut gagner ni » perdre ; sa contenance étant bornée par le titre et par la » situation des lieux, il n'y a rien qu'à faire l'adaptation » de son titre.

» 2me *Règle* : Quelquefois le bornage de deux pièces de » terre nécessite la même opération pour plusieurs autres » immeubles environnants. Par exemple, il arrive quel- » quefois que le premier propriétaire d'une plaine, assi- » gne son voisin en plantation de bornes, et que ni l'un ni » l'autre n'a la contenance portée par les titres. Les experts » doivent alors obtenir des parties le droit de mesurer le » terrain du troisième, du quatrième, ainsi de suite, s'il » est nécessaire, jusqu'à l'extrémité de la plaine. Si par le » résultat de l'arpentage, l'un des voisins se trouve avoir » plus de contenance que ne lui en donne son titre, et que » l'autre en ait moins, ce qui manque à l'un doit être » abandonné par l'autre, lorsqu'une possession contraire » au titre n'a point fixé ce qui revient à chacun.

» 3me *Règle* : Lorsque les actes désignent des limites » qui rendent une anticipation peu probable, les experts » doivent se décider par ces signes plutôt que par la con- » tenance y énoncée. On maintient celui qui est renfermé » dans ses limites et qui ne jouit d'aucun terrain au-delà » de l'énonciation de son titre, lors même que le voisin ne » posséderait pas l'étendue que lui attribuent les siens.

» 4me *Règle* : Lorsque pour rechercher la ligne divisoire » des deux héritages, les experts sont obligés de les arpen- » ter, ils ne doivent pas comprendre dans la contenance » les fossés longeant les chemins publics ou vicinaux, car » ils sont une dépendance de ces chemins; mais les fossés, » de même que les ruisseaux et sentiers ou passages pri- » vés, doivent être compris dans la contenance, car ils » font partie des propriétés qu'ils entourent ou traversent.

» S'ils sont mitoyens ils doivent être comptés pour moitié » à chacun de ceux dont ils bordent les propriétés.

» 5me *Règle :* Si les titres de l'une des parties fixent » d'une manière certaine la contenance de son terrain, et » que les titres de l'autre ne portent qu'un environ, les » experts doivent commencer par faire la contenance du » premier.

» 6me *Règle :* Lorsque les contenances portées aux titres » excèdent l'étendue des terrains dont les parties deman- » dent le bornage, sans qu'on puisse opposer à aucune » d'elles que son terrain ait été usurpé ou perdu d'une » manière quelconque, il est d'usage que chacune de ces » parties supporte, en proportion, le déficit de la conte- » nance. Si, au contraire, la contenance générale excédait » les contenances portées par les titres, l'excédant devrait » être partagé dans la même proportion.

» 7me *Règle :* Lorsqu'il s'agit de borner deux héritages » dont l'un est sur le bord d'une rivière et se trouve, par » cela même, sujet à l'alluvion, il est évident que le pro- » priétaire de l'autre fonds doit être admis à prouver sa » contenance, et qu'il a le droit de l'obtenir ; l'autre pro- » priétaire se trouvant tous les jours exposé à perdre ou à » gagner, doit s'imputer de n'avoir pas obtenu des bornes » plutôt, ayant seul la chance de gagner (*C. c*, 556) ; il » serait injuste d'imposer à son voisin la chance de per- » dre ; il y a en quelque sorte dans sa position une condi- » tion aléatoire qui laisse la contenance de son champ » constamment incertaine. Au reste, cette règle n'empêche » pas qne le propriétaire, dont le fonds est étranger à l'al- » luvion, n'agisse prudemment en demandant, le plus tôt » possible, la plantation des bornes. »

Il arrive souvent que les parties sont, l'une et l'autre, dens l'impossibilité d'établir par titres les contenances des propriétés dont ils demandent le bornage. Dans ce cas elles doivent être admises à prouver par témoins la possession trentenaire, et les bornes doivent être plantées sur la ligne indiquée par la possession, c'est une conséquence de la disposition de l'article 2,262 du Code civil. A défaut de possession trentenaire et de titre, la possession actuelle doit servir de règle.

Lorsqu'il est bien certain que la possession a duré plus de trente ans sans aucun trouble, elle peut prévaloir contre un titre antérieur (Conséquence de l'article que nous venons de citer.) ; mais il ne faut pas qu'il y ait le moindre doute sur la déposition des témoins. L'absence de toute borne rend bien difficile la preuve d'une possession contraire au titre. Il ne suffit pas que les témoins se bornent à dire que telle partie a joui jusqu'à tel point de la propriété contiguë, il faut que ce point soit reconnu et précisé d'une manière invariable, comme serait, par exemple, un vieux arbre, un rocher fixe, etc. ; il est nécessaire que l'expert puisse voir sur les lieux même le fait matériel sur lequel repose la certitude du témoignage.

Quelquefois, pour sortir d'incertitude, il est bon d'appliquer le sentiment de ceux qui pensent que le propriétaire de la plus forte portion doit laisser aux autres, qui ont des portions plus petites, leur contenance entière telle que leur titre la leur accorde. (*Qui majorem locum in territorio habere dicitur, cæteris qui minorem locum possident integrum locum assignare compellitur.*) (*Dig. fin. reg.*, *l.* 7.)

On peut aussi, pour lever l'incertitude et reconnaître les véritables droits, faire usage d'anciens procès-verbaux, des cadastres, des plans non suspects, si on ne peut avoir des renseignements plus exacts.

Il ne faut jamais se servir des moyens résultant de la

prescription si les parties ne les invoquent formellement. (*C. c.*, 2223.)

Le bornage devant être fait à frais communs, il ne s'en suit pas que ces frais doivent être supportés par égale part par chacune des parties ; ils doivent être payés dans la proportion de l'étendue des propriétés soumises au bornage ; s'il en était autrement, le propriétaire d'une portion considérable de terrain pourrait ruiner son voisin qui n'en aurait qu'une très petite partie. Cependant si les limites étaient suffisamment désignées par les titres ou de toute autre manière et que la grande propriété ne prît pas plus de temps à l'opération que la petite propriété, nul doute que les frais ne dussent être supportés par égale part.

FIN DE LA DEUXIÈME PARTIE.

# TROISIÈME PARTIE.

# Troisième partie.

## DES ÉVALUATIONS.

### *De l'évaluation des immeubles.*

De toutes les opérations des experts, celle qui présente le plus de difficultés est, sans contredit, l'évaluation des immeubles. Elle est d'autant plus délicate qu'on ne peut la dégager de l'arbitraire et que les apparences sont souvent trompeuses. Les experts doivent se tenir fortement en garde contre celles-ci et ne sauraient jamais prendre trop de précautions pour les découvrir.

Cette opération demande des connaissances pratiques plutôt que théoriques. Cependant, comme la géologie peut être d'un grand secours dans l'appréciation des terres, avant de faire connaître les moyens d'acquérir les connaissances pratiques des évaluations, nous donnerons quelques observations géologiques qui pourront être fort avantageuses, surtout aux experts qui sont encore sans expérience.

## *Observations géologiques.*

La géologie fait connaître la structure du globe et cherche à découvrir les changements qu'il a éprouvés depuis sa formation.

La terre est composée de corps liquides et en ébullition dans son sein ; la couche solide qui la recouvre ne paraît pas avoir plus de quinze lieues d'épaisseur.

La preuve de la chaleur intérieure de la terre est tirée de celle des mines, dans lesquelles plus l'on descend, plus la chaleur augmente.

Les eaux chaudes, les gaz que l'on voit jaillir à la surface de la terre et souvent près de la mer, comme Balaruc-les-Bains, sont les causes des soulèvements de terre qui ont eu lieu à une époque reculée, soulèvements que l'on voit encore de nos jours.

Si ces gaz, ces eaux trouvent des fissures pour s'écouler, il n'y a pas d'effet produit, sinon il y a soulèvement ; si le soulèvement aboutit à la surface, cela forme un volcan, sinon il y a montagne ou chaîne de montagne produite.

L'île formée, il y a dix-huit ans, entre la Sicile et la côte d'Afrique, que tant de voyageurs ont visitée, fut produite par un de ces soulèvements.

M. Constant Prévost, désigné par l'Académie des sciences pour faire des observations sur cette île, annonça qu'elle ne pouvait tarder à disparaître sous l'effort des vagues, ce qui arriva au commencement de 1833.

Le géologue apprend à connaître l'âge des montagnes

par l'observation. Si elles sont couvertes de couches de natures différentes, déchirées, inclinées, la montagne s'est formée et a soulevé ces couches après leur dépôt. Si au-dessus de ces couches, il s'en trouve d'autres horizontales, et non disloquées, elles sont postérieures à la formation de la montagne.

Le géologue reconnaît trois grandes époques avant l'arrivée de l'homme sur la terre.

*Première époque* : La terre incandescente ne pouvait nourrir des êtres organisés, la terre étant dépourvue d'eau, qui, à l'état volatil, faisait alors partie de l'atmosphère immense de la terre. A cette époque l'atmosphère immense de la terre était lui-même lumineux et les matières volatiles de cet atmosphère rangées par ordre, les moins volatiles étaient rapprochées de la partie liquide.

La terre, en roulant dans l'espace, a dû perdre de sa chaleur; des matières, à l'état volatil, devinrent fluides, et, plus tard encore, solides. C'est cette croûte, composée de granit, qui dut, en s'épaississant, s'opposer à l'effet de la chaleur intérieure du globe, et put permettre à l'eau, répandue dans l'atmosphère, de se liquéfier et de former, à la surface de la terre, des lacs, des mers.

*Seconde époque* : Alors parurent les grandes plantes terrestres, les animaux aquatiques; c'est à cette époque qu'eurent lieu les grands soulèvements, par grandes ondulations et peu de déchirements. Les mers de cette époque furent multipliées, mais peu profondes, les continents rares, les lacs nombreux ; c'était alors que se formèrent les houilles, dans les lacs d'eau douce et non dans la mer.

La chaleur des eaux produisit les plantes gigantesques dont nous voyons les débris ; la chaleur constante en favorisa singulièrement le développement; la terre étant encore non habitée, rien ne put s'opposer à une masse de végétation qui a formé plus tard les houilles.

Les eaux chaudes tenaient beaucoup de matières minérales en dissolution, qu'elles déposaient à leur surface par refroidissement ou évaporation. Les tremblements de terre, les soulèvements partiels, les coulées de volcan, durent être le partage de cette époque.

Plus la seconde époque s'est approchée de sa fin, plus l'atmosphère perdit de sa pression et de son étendue. Il devint translucide, les rayons du soleil purent le pénétrer.

A cette époque, beaucoup de végétaux et animaux qui n'avaient pu vivre que dans des conditions de chaleur, dûrent disparaître avec ces conditions. D'autres familles parurent; on les retrouve sur les terrains qui leur sont propres et sur lesquelles elles ont vécu : les terrains inférieurs en sont dépourvus.

*Troisième époque* : A la fin de la seconde époque arrivent les animaux terrestres, les insectes, les poissons d'eau douce ; c'est la présence des squelettes de ces grands animaux de la création de la troisième époque qui distingue les terres de cette formation ainsi que leur nature minéralogique.

Les premiers animaux furent peu nombreux, et dûrent disparaître lorsqu'ils ne trouvèrent eux-mêmes plus la chaleur, condition nécessaire à leur conservation. Ils firent place à d'autres; on trouve leurs débris dans les premières couches qui se formèrent alors.

L'histoire de la troisième époque est celle de la seconde modifiée. Au fur et à mesure que le globe s'est refroidi, la masse des êtres organisés s'est multipliée en genre et a perdu en grandeur. Plus les êtres se sont rapprochés de notre époque, plus ils ont été d'une organisation compliquée, jusqu'à l'homme qui fut le plus compliqué et le plus parfait de tous.

Avant la formation des êtres organisés, la terre produisit cette multitude de couches, de roches, de minéraux diversement constitués ; ces bancs, ces couches, sont moins sensibles au fur et à mesure que l'on approche des animaux terrestres mieux organisés ; et depuis la présence de l'homme sur la terre, la puissance de formation de la matière organique paraît avoir cessé.

*Quatrième époque*: C'est celle qui nous appartient : l'homme parut dans cette période dans laquelle eût lieu le déluge universel.

Nul ne peut nier un déluge qui a dévasté toute la terre. La masse des cailloux roulés sont la preuve de ce grand cataclisme, comme aussi les grandes masses de rochers portés à une grande distance des montagnes dont ils ont été détachés.

La direction de ces coulées des vallées, des cailloux qui s'y trouvent, sont encore la preuve de ce déluge ; c'est alors que disparurent plusieurs races de grands animaux, dont on trouve les débris fossiles rapprochés du pôle.

Ce déluge paraît avoir été causé par le changement de l'axe de la terre, frappé obliquement par une comète.

Les grands animaux dont nous parlons, organisés pour habiter la partie la plus chaude de la terre, se trouvent encore entiers sous le pôle, au milieu des glaces ; ils n'ont pu être transplantés là par les eaux et sont évidemment sur ce point par suite du changement d'axe de la terre.

Les aérolithes qui ne tombent sur la terre que depuis la quatrième époque, sont encore une preuve de ce déluge, occasionné par le choc de la comète, qui, s'étant brisée dans cette catastrophe, a dispersé ses éclats dans l'espace, éclats qui retombent au fur et à mesure qu'ils rencontrent un centre de gravité

La lune pourrait être un grand éclat de la comète auteur du desastre.

M. Boubée, expliquant les effets du déluge par le contact de la comète, s'exprime ainsi :

« La terre, lors du choc, étant un moment arrêtée, ou » plutôt sa vitesse étant un instant ralentie, les eaux et » tout ce qui ne s'était pas fixé au sol, conservant le mou- » vement ordinaire qui, à l'équateur, est de huit lieues » par minute ; les eaux, dis-je, durent s'élancer en masse » hors de leur rivage, tourner encore autour du globe ar- » rêté, franchir les sommets des plus hautes montagnes, » battre et déchirer les points qui s'opposaient le plus à » leur passage, en faire sauter les rochers à grands blocs, » et les entraîner jusques dans les plaines ; disperser par- » tout des débris arrachés de toutes parts ; enfin ouvrir et » creuser de grandes vallées et de profonds bassins sur » tous les points que sillonnaient leur cours impétueux. »

Après le déluge, les espaces occupés par les mers durent être comblés en partie. Il y eut dislocation et soulèvement sur nombre de points ; les flots, en franchissant les montagnes, durent, en tombant, creuser de grandes excavations ; mais comme la terre rentra bientôt dans ses allures ordinaires, chaque chose reprit sa marche accoutumée, et les nouveaux êtres de la création prospèrent sur une terre engraissée par tant de débris.

L'homme ne paraît pas avoir existé à l'époque de ce grand déluge universel, qui fut suivi d'une multitude de déluges partiels auxquels sa frêle nature résista avec peine. On ne retrouve aucun débris des œuvres de ses mains, aucun os appartenant à son squelette, dans les dépôts du déluge général que nous avons décrit ; mais les effets de ce déluge furent de grands changements sur la surface du globe ; les eaux perdant peu à peu leur vitesse, rentrèrent dans leurs anciens lits ; plusieurs étant encombrés, de grands lacs d'eau douce dûrent se former.

La preuve des changements de l'axe de la terre est la direction des cailloux, arrachés des montagnes, qui sont compris dans la ligne du sud-est au nord-ouest ; si le globe se fût alors trouvé dans la position qu'il conserve aujourd'hui, la direction de ces cailloux serait de l'ouest à l'est.

### *Terrains primitifs ou de la première époque.*

Ils se composent de granit, mélange de mica, feldspath et quartz ; le granit forme l'enveloppe du globe entier ; de schistes micassés ou talqueux qui se distinguent du granit par des couches lamelleuses ; de roches amphiboleuses où le mica se trouve remplacé par un minéral nommé amphibole.

Les principales matières utiles des terrains primitifs sont : la sejennite, le caolin, de même que le pétun-sé pour la fabrication de la porcelaine, le quartz pour celle du cristal, diverses variétés de granit, le xipolin, le vert antique, etc.

On trouve encore dans les fissures de ces terrains la tourmaline, la topaze, l'hyacinthe, l'aigue marine, l'améthiste, la sapphirine, la tourmaline commune, les autres pierres précieuses rares, le talc ou verre de Moscovie, le cristal de roche, la pierre de Labrador, celles des amazones, la terre de Vérone, la craie de Briançon, se trouvent dans la partie supérieure des terrains primitifs composés de schistes, où l'on rencontre aussi des mines d'or, plomb et argent.

Les vallées étroites des montagnes escarpées primitives sont fertiles, de même que quelques points recevant des détritus.

Dans les terrains primitifs peu ondulés, la culture est languissante et la terre peu fertile : le mélange de la chaux hydratée peut toutefois changer la culture de ces terres, ainsi que les fumiers fortement animalisés.

## *Terrains de transition.*

Sous ce nom on reconnaît les schistes plus ou moins semblables à l'ardoise, des calcaires purs pour marbre ; des grès très variés et des poudingues friables et autres recouvrant des terrains houillers.

On trouve dans les schistes, la pierre de touche à rasoir, le crayon noir d'Italie, celui ordinaire, noir ou rouge, l'alun, le vitriol, le jaspe, l'anthrachite, le cuivre, le plomb, le zinc, le sel, le mercure, le bitume; les calcaires de ces sortes de terrains fournissent chaux et marbre.

Dans la partie supérieure de ces terres se trouvent les dépôts de houille, accompagnés de grès et schistes noirs.

Les schistes de cette classe sont, en général, soulevés, taillés à pic ; l'agriculture est peu florissante au milieu de ces précipices et ravins rapprochés : dans les parties moins abruptes, moins escarpées, la charrue ramène sur le sol les feuillets de schiste détachés des masses inférieures.

La magnésie se rencontre en général dans ces terrains et les rend tout à fait infertiles.

Les calcaires de ces terrains sont plus productifs, absorbant moins l'humidité que les schistes ; les grès de cette formation sont en général fertiles.

## *Terrains secondaires inférieurs.*

Il sont composés de grès, de calcaire et de schiste marneux. — Les grès dits bigarrés sont dans la partie inférieure ; ils sont quelquefois mêlés de poudingues, de marnes irisées.

Le calcaire de ces terrains se subdivise en liais, ou calcaire alpin, et calcaire jurassique. Le liais est de teinte uniforme et contient toujours une proportion d'argile ; le calcaire jurassique se distingue à ses petits grains en œufs de poisson, nommés oolithiques, remplis de fossiles, reptiles, poissons, coquilles, polypieds et plantes.

Ces terrains sont, en général, peu riches. On y trouve du plâtre ou gypse, pierre à chaux de qualité ordinaire, pour mortier hydraulique, quelques marbres de couleur noire, des brêches et lumachelles estimées. C'est dans la formation jurassique que se trouve la pierre à lithographie, le sel gemme, les lignites, des efflorescences d'alun et de vitriol ; le soufre, la barite, le fer, s'y rencontrent aussi, ainsi que quelques autres mines, en petite quantité et en mauvaise qualité.

La culture de ces terrains est riche et productive dans les calcaires de la formation alpine, ou bien, pauvre et malheureuse dans ceux de la formation jurassique, qui, absorbant l'eau, ne permettent ni source, ni fontaine, ni rivière dans les plaines élevées.

Les vallées des calcaires jurassiques arrosées sont fertiles, et cette fertilité contraste avec la stérilité des pays plats supérieurs qui les entourent. L'infertilité des terres jurassiques pourrait diminuer par des arrosements produits par des puits artésiens.

## *Terrains secondaires supérieurs.*

Ils sont composés, comme tous ceux apportés par les eaux, de grès, d'argile et de calcaire, connus sous le nom de terrains crétacés.

Le grès vert est à la partie inférieure, en petites couches, au milieu de grandes masses d'argile ; c'est dans ces argiles que l'on a cru constater les débris d'ossements d'animaux terrestres en petite quantité. Il s'y trouve surtout de grands débris de corps marins organisés, oursins, coquilles, etc.

Les calcaires des terrains crétacés présentent des masses imposantes qui couvrent des contrées entières. Ces calcaires sont tantôt friables et connus sous le nom de craie ; d'autres fois très durs et occupent, en général, alors, la partie inférieure des couches. Les fossiles de ces terrains sont nombreux ; les coquilles cloisonnées, les ammonites y dominent, ainsi que les huîtres, les peignes et les térébratules.

Ces terrains sont moins riches encore que les précédents ; on trouve disséminés dans les craies les silex, sorte de cailloux roulés dont la formation est encore un problème pour les géologues. Ces terres fournissent plâtre, blanc, chaux en quantité ; beaucoup moins de fer, de lignite, de soufre, de sel en roche et de tripoli.

Ces terrains sont, en général, en couches plates peu soulevées. Les couches calcaires sont horizontales. Ils sont peu productifs et approchent de la stérilité du calcaire jurassique.

## *Terrains tertiaires.*

C'est à la troisième époque de l'histoire de la géologie que se sont déposés les terrains tertiaires qu'on distingue en trois natures ; grès, argile et marne plus ou moins calcaire.

Les grès sont quelquefois fort durs, comme les pavés de Paris ; quelquefois friables et à l'état de sable.

Les argiles et marnes alternent dans ces terrains par couches horizontales : la marne est le principe qui domine, souvent colorée, quelquefois blanche. Souvent la marne est chargée de carbonnate de chaux, et peut devenir propre à la construction comme la pierre des carrières des environs de Paris.

Dans ces mêmes terrains se trouve le calcaire siliceux, faisant feu au briquet : d'autres fois, encore, le silice forme, dans ces mêmes terrains, des pierres caverneuses, connues sous le nom de pierres meulières.

Les couches qui forment les terrains tertiaires sont, quelquefois, le résultat des dépôts de mer, d'autres fois d'eau douce.

Les argiles et marnes d'eau douce sont en couches multipliées, pas très épaisses, de couleur variée ; les grès y sont bien moins abondants que dans les formations marines. On rencontre dans les formations d'eau douce, les moules et autres coquilles, qui vivent dans les rivières, les lacs et les étangs. Ces formations renferment presque toujours des gypses et lignites.

Quant aux formations marines, ce sont les grès, les sables, les marnes et les calcaires grossiers, graveleux, remplis de coquilles et de corps marins.

On trouve souvent des formations d'eau douce attenant avec des formations marines, et ce à plusieurs reprises ; ces témoins indiquent que la mer, après avoir occupé ces emplacements, s'est retirée pour faire place à des eaux douces qui, plus tard, ont été, à leur tour, chassées par des irruptions de la mer, et cela plusieurs fois, ce qui explique la multiplicité des dépôts que l'on rencontre.

Ces terrains produisent encore moins de matières utiles que les précédents. On n'y trouve pas de pierres précieuses ; il y a cependant quelques turquoises, quelques agates et bois pétrifiés, surtout des palmiers, quelques marbres, de l'albâtre gypseux. On trouve également dans ces terrains la strontiane, quelques variétés de magnésie, le gypse cristallisé ou pierre à Jésus, les argiles à dégraisser, les grands amas de soufre presque pur, beaucoup de bitume, des dépôts de bois enfoncés ou lignites, enfin le silex meulière. Tous ces produits ne sont pas en grande abondance, mais c'est dans ces terrains et les calcaires marins que se trouvent les grandes ressources de l'architecte. Ces calcaires, moins durs que les précédents, se scient et se prêtent admirablement, sous le ciseau, à la construction de nos palais et maisons.

Ces terrains sont les plus riches connus pour l'agriculture. Ils sont disposés, en général, en grandes plaines, peu ondulées. L'agriculteur trouve, dans les marnes, craies, sables, argiles, plâtre et chaux qu'ils contiennent, les stimulants et mélanges convenables à la constitution d'une bonne terre arable, s'imprégnant de l'humidité avec facilité, s'en laissant pénétrer, et ne la perdant pas par l'*infiltration* trop prompte dans les couches inférieures.

Les terres des terrains tertiaires proviennent, en grande partie, de la décomposition des roches et couches qui les composent, le tout amené par les eaux et souvent par le travail des hommes ; aussi arrive-t il souvent, dans ces sortes de terrains, que le sous-sol est d'une nature bien différente de celles des roches environnantes, et souvent il ne s'agit, pour amener une terre à un haut degré de fertilité, que de rapporter à sa surface quelques parcelles des couches inférieures.

Lorsque les grès de la formation marine se trouvent à la surface du sol, cette terre est, en général, infertile; mais au-dessous des grès, se trouvent, presque toujours, des marnes en argile qui, ramenées à la surface, peuvent faire de ces sables des terres de la plus haute fertilité.

Si, au contraire, les argiles et les calcaires d'eau douce dominent à la surface, ce qui rend les terres compactes pour les argiles et infertiles pour celles chargées de trop de carbonate de chaux, des trous faits au milieu des terres ramèneront des sables inférieurs qui, en durcissant ces terres, les rendront perméables à l'eau, et donneront de la fertilité à celles trop chargées de carbonate calcaire.

*Terrains de la quatrieme époque.*

On en distingue de deux sortes : ***les terrains diluviens*** et ***les terrains post-diluviens***.

Lorsque l'on a bien fixé la catastrophe diluvienne, il est facile de classer les terrains de cette époque.

### *Terrains diluviens.*

Ils se composent de sable et de cailloux roulés, mêlés ensemble, sans stratification régulière. Ces dépôts peuvent se confondre souvent avec ceux post-diluviens, si l'on ne consulte leur origine ; les dépôts de cailloux diluviens sont toujours accompagnés de blocs erratiques, fragments énormes de rochers, roulés à l'époque de ce grand cataclisme. La position des dépôts diluviens aide à les reconnaître : ils sont, en général, dans des grandes plaines privées d'eau, sur des sommités de montagnes, sur des plans de collines, et enfin dans toutes les positions où le cours actuel des rivières ne peut les avoir laissés ; l'inégalité de leurs masses et les sables dont ils sont accompagnés, aident aussi à les faire reconnaître. On y trouve des dents de grands quadrupèdes, tels que celles des mastodontes, des éléphants, des rhinocéros, hippopotames, ours, hyènes, etc, tous animaux vivants à l'époque de ce grand cataclisme. Des ossements de ces mêmes animaux se trouvent au milieu d'argiles rougeâtres; les débris de poissons, de coquilles et d'animaux marins qu'on rencontre dans ces terrains portent, en général, les traces d'un rude frottement.

Les dépôts diluviens sont, en général, à l'état meuble, quelquefois soudés par des argiles ferrugineuses, infiltrées dans les couches postérieurement à cet événement.

Ces terrains sont les plus riches de tous ceux connus. Les mines d'or, de platine, d'étain, de diamants, les plus riches et exploitées en grand lui appartiennent.

On y trouve des pierres précieuses confondues avec les métaux : les télésies, les sappluies, les rubis, les hyacinthes, s'y rencontrent en abondance avec des jaspes variés.

C'est dans ces terrains que l'on trouve la mine de fer en grains, la plus riche et la plus exploitée. Toutes ces matières n'appartiennent pas aux terrains diluviens, mais, détachées par les eaux des mines et montagnes qui les recélaient, elles n'ont pu être emportées au loin ; aussi les trouve-t-on, en général, au pied des montagnes, sur les premiers plateaux et à la naissance des plaines.

Ces terrains se trouvent sur la surface entière du globe, par places, en couches minces dans les plaines, plus fortes à l'approche des montagnes ; partout où ils dominent entièrement, la terre est frappée de stérilité : étant dépourvue d'argile et de calcaire, l'eau la pénètre et se précipite dans les couches inférieures. Plus de la moitié des terrains improductifs qui se trouvent sur la surface du globe appartiennent à cette formation.

Les terrains diluviens recouvrent, quelquefois, des couches très minces, des terres inférieures d'une haute fertilité. Dans ce cas, un mélange avec ces terres ramenées du bas, peut être l'objet de bonnes spéculations. Toutes les fois que le terrain diluvien est mêlé d'argile, il peut être très fertile.

### *Terrains post-diluviens.*

On les classe en quatre séries formées depuis le grand déluge : formations marines, formation d'eau douce, dépôts transports, dépôt d'alluvion.

Les formations marines présentent des roches à demi-formées dans la plupart des localités ; ces roches sont, en général, composées de sable mêlé d'argile, de marne argileuse et de corps marins. On distingue cette formation à ce que les corps marins qui s'y trouvent appartiennent tous à des êtres existant encore dans les mers. Tous les bords de la Méditerranée ont des dépôts appartenant à cette formation.

Les formations lacustres ou d'eau douce se trouvent dans le grand bassin de Toulouse, où M. Boubée les a visitées. Un grand nombre d'autres ont été trouvées depuis, ce sont de grands lacs desséchés. Ces bassins sont tous privés de roches dures, de pierre à chaux, de plâtre, de pierres à bâtir; leur sol est parfaietement horizontal et d'une extrême fertilité. Ces bassins sont arrosés par nombre de ruisseaux peu profonds, coupés de vallées également peu profondes, mais larges, le haut des collines très arrondi; il est facile de reconnaître à ces marques des lacs plus ou moins étendus, comblés par les eaux des rivières qui les alimentaient.

Les dépôts transports post-diluviens se trouvent sur les lieux que les eaux actuelles ne peuvent atteindre; ils ont la même apparence que les transports diluviens, mais moins étendus; on les a reconnus à ce qu'ils contiennent des débris d'hommes et d'ouvrages de leurs mains, circonstance qui ne se trouve jamais dans les transports diluvieus.

Les dépôts d'alluvion sont ceux que les eaux actuelles laissent sur leurs bords ou à leur embouchure, composés, en général, des sables, cailloux, argiles, enfin de tout ce qu'elles charrient le long de leur cours. On y trouve toujours des briques, poteries, scories, bois travaillés, ossements humains; enfin tous les témoins qui annoncent la présence de l'homme sur la terre; d'ailleurs nous voyons tous ces dépôts se former constamment le long des rivières sujettes à des débordements.

## *Des sols ou terrains en général.*

Le sol est cette couche de matières finement divisées dont la partie supérieure qui constitue la surface de la terre est en contact direct et immédiat avec l'atmosphère et s'étend à une profondeur suffisante pour que les racines puissent s'y fixer.

Le sous-sol est la couche qui repose immédiatement sous le sol et s'étend à une profondeur indéfinie.

Le sol est formé par des particules provenant de roches solides *desagrégées* ou décomposées, ou bien par un sédiment déposé par les eaux qui l'ont tenu en suspension, en mélange avec des matières organiques. Quelquefois il est composé de matières végétales seulement, telles que la tourbe.

Les principaux ingrédients qui entrent dans la composition des sols sont : la silice ou terre vitrifiable, le cristal de roche, l'alumine, qui fait la base des argiles, le calcaire ou chaux carbonatée, marbre, pierre à bâtir, le gypse ou plâtre et l'oxide de fer et de maganèse, auxquels ils doivent leur couleur. Les différents mélanges mécaniques, produits par ces constituants terreux primitifs fournissent ces innombrables variétés de sol qu'on rencontre.

## *Des sols purs.*

Les sols purs se divisent en sols minéraux ou terrestres, et en sols végétaux provenant des plantes décomposées.

### *Sols minéraux.*

1° Cailloux, fragments arrondis de roches de diverses dimensions, depuis trente centimètres de diamètre jusqu'à trois centimètres. Ils sont de diverses qualités.

2° Graviers, fragments arrondis de la grosseur d'une noix à celle d'un pois.

3° Grits ou pierrailles, fragments angulaires de la grosseur du gravier.

4° Sable, fragments arrondis de la grosseur d'un pois à celles des particules à peine visibles ou impalpables.

On appelle sable calcaire celui qui est composé de chaux carbonatée ou de fragments de coquilles réduites en particules plus ou moins fines.

Sable siliceux ou quartzeux, celui qui est composé, en totalité ou en majeure partie, de silice ou de quartz.

5° Poussière, particules si menues qu'elles sont enlevées ou entraînées par les vents lorsqu'elles sont sèches; à l'état humide, elles forment la boue ou vase.

6° Argile, particules menues, adhérant fortement entre elles, lorsqu'elles sont humectées. Dans cet état elles forment une pâte ductile, qui conserve la forme qu'on lui donne, et durcit considérablement par l'action de la chaleur.

Variétés : marne, argile mêlée avec du calcaire; loam ou terre franche, argile mêlée avec de la silice.

*Sols végétaux.*

1° Terreau ou humus : friable, lorsqu'il est sec ; fangeux, lorsqu'il est humide, sans ténacité, ni ductilité, contenant des matières charbonneuses, provenant de végétaux décomposés.

2° Tourbe : consistant en matières végétales en partie décomposées. Molle et pâteuse lorsqu'elle est humide, dure et cohérente lorsqu'elle est sèche.

*Des sols composés.*

Les sols purs existent rarement dans la nature ; ils forment, par leur mélange en proportions variables, les sols composés qui prennent leur dénomination de celle de l'ingrédient prédominant.

Les sols agissent en raison de leurs propriétés physiques, c'est-à-dire leur état de division, leur perméabilité à la chaleur, à l'air et à l'eau, leur ténacité ; mais leur fertilité dépend entièrement de la présence des matériaux provenant de la décomposition des êtres organisés, des engrais naturels fournis par l'homme et les animaux.

On connait exactement la nature ou composition des sols par le moyen de l'analyse chimique. Mais la manière la plus commode pour les cultivateurs en général, est d'observer les plantes qui croissent sans culture. Si elles sont en fleurs, en bon état et *luxuriantes*, et que nous connaissions d'avance le terrain qu'elles aiment, nous pourrons penser que celui que nous examinons leur convient. (Nous faisons connaître plus loin les observations qui conviennent plus particulièrement aux experts.)

Les meilleurs terres arables répandent une odeur fraîche et agréable ; lorsqu'elles sont nouvellement bêchées ou labourées, elles n'adhèrent pas trop aux doigts lorsqu'on les manie. Elles offrent quelquefois une apparence onctueuse, ce dont on s'aperçoit en les pétrissant ou pressant entre les doigts et le pouce ; elles ne retiennent pas l'eau trop fortement et ne l'abandonnent pas trop facilement.

Les sols argileux ou terres fortes, glaiseuses, diffèrent essentiellement entre eux, selon la qualité et la quantité de l'argile qui domine, et suivant les altérations ou modifications produites par le mélange d'autres substances terrestres on végétales. Elles donnent généralement de bonnes récoltes de blé et de pâturages. Mais les frais de culture sont plus forts en raison de leur texture compacte.

Les sols loameux ou terres franches, qu'on distingue en argileux, sablonneux, calcaires, etc., sont plus secs et friables que l'argile ; ils se travaillent plus facilement ; ils reçoivent et transmettent l'humidité plus librement ; ils sont moins aptes à se durcir par la sécheresse et à se geler dans les temps froids et humides ; ils produisent peu de mauvaises herbes ; ils exigent moins de frais de culture ; c'est pourquoi ils sont très recherchés.

Les sols calcaires sont composés de chaux carbonatée, d'argile, et occupent, dans plusieurs localités, des plaines très étendues ; ils diffèrent essentiellement entre eux par les proportions de leurs composants, par leur profondeur et leur situation basse. Lorsque la quantité des ingrédients qui sont mélangés avec le calcaire est minime et imparfaitement réduite en terreau, le sol est pauvre et léger ; mais si la couche superficielle a beaucoup de fond, si les substances sont en décomposition complète, le sol peut être considéré comme riche. Dans le premier cas les récoltes sont incertaines, tandis que dans le second elles sont abondantes.

Cette espèce de sol est moins endommagé par les pluies que les autres, mais, quelquefois, la sécheresse la durcit tellement qu'on ne peut la rompre qu'après qu'elle a été divisée par les pluies.

Les sols siliceux ou sablonneux sont composés de petites particules de silex, de calcaires ou autres substances pierreuses plus ou moins menues. Ils varient suivant la proportion plus ou moins grande des principes améliorants qui s'y rencontrent ; lorsqu'ils sont mêlés avec des terres argileuses en grande quantité, ils forment des sols lourds, compacts ; si l'argile est en petite dose, le sol est sablonneux, léger.

En raison de leur texture poreuse, du peu d'adhérence de leurs parties, ils sont cultivés avec moins de peine ; ils conservent mieux leur façon que les espèces plus serrées et plus lourdes, et lorsqu'ils sont convenablement préparés, ils conviennent pour la culture des plantes à racines bulbeuses, tubéreuses et charnues, telles que oignons, pommes de terre, turneps, betteraves, etc.

En vertu de leur extrême division et porosité, les sols sablonneux sont aisément pénétrés par la chaleur et l'humidité ; mais, en revanche, ils se refroidissent et se dessèchent avec la même facilité ; les pluies d'orages, les grands vents, laissent souvent à nu les racines des récoltes. Les céréales sont versées avant leur maturité, ce qui diminue beaucoup leur valeur, lorsqu'elles ne peuvent se relever.

Les sols graveleux sont principalement composés de petites pierres, de la grosseur d'un pois à celle d'un caillou moyen ; ils varient comme les précédents en qualité et pour les mêmes causes; par leur légèreté et leur texture poreuse, divisée; ils se cultivent à peu de frais; le travail s'exécute avec facilité et promptitude; les terres sont bientôt mises en état de recevoir les récoltes, mais comme les sols graveleux abandonnent facilement l'eau dont ils sont imbibés, ils brûlent les plantes, ce qui n'arrive pas avec les sols plus lourds et plus compacts.

Les sols tourbeux et mousseux sont formés de racines, et autres parties des végétaux morts, mêlées avec une terre argileuse ou sablonneuse et une substance qui ressemble au charbon, et qui provient, de même, de la décomposition des plantes submergées ou constamment baignées dans une eau stagnante. Ils diffèrent entre eux par leur texture, les quantités et qualités des ingrédients qui constituent le mélange. En raison de leur origine et de leur situation ordinaire dans les lieux bas et humides, les marais et marécages, les tourbes sont rarement ou même jamais exemptes de cette humidité excessive qui les rend stériles et de peu de valeur.

La terre végétale est la couche superficielle dans laquelle, en général, les plantes végètent, quelle que soit la nature du sol. Elle diffère principalement par sa profondeur plus ou moins grande, par la proportion des matières végétales qu'elle contient, et leur état plus ou moins avancé de décomposition. Il ne faut pas la confondre avec l'humus.

On peut tirer, de ce qui vient d'être dit sur les sols, les conclusions suivantes : en général, les meilleurs sont ceux qui contiennent la plus grande quantité de substances alimentaires pour les plantes. C'est pourquoi les sols calcaires, qui ont une grande attraction pour l'acide carbonique, combinaison chimique très favorable à la végétation, sont fertiles. Les sols les plus estimés sont ceux qui contiennent une plus grande quantité de débris animaux et végétaux en décomposition, les sels qu'ils renferment stimulent aussi fortement la végétation.

Pour terminer ce que nous avons à dire sur les observations géologiques, nous allons rapporter ce que dit Buffon sur la composition de la première couche qui enveloppe le globe : (*Preuves de la théorie de la terre, art. 7, sur la production des couches ou lits de la terre.*)

« Les vapeurs qui s'élèvent dans l'air produisent les » pluies, les rosées, les feux aëriens, les tonnerres et les » autres météores ; ces vapeurs sont donc mêlées de parti- » cules aqueuses, aëriennes, sulfureuses, terrestres, etc. ; » et ce sont ces particules solubles et terrestres qui for- » ment le limon des eaux. Lorsqu'on laisse déposer l'eau » de pluie, il se forme un sédiment au fond ; lorsqu'après » après avoir ramassé une assez grande quantité de rosée » on la laisse déposer et se corrompre, elle produit une » espèce de limon qui tombe au fond du vase ; ce limon » est même fort abondant, et la rosée en produit beaucoup » plus que l'eau de pluie. Il est gras, onctueux et rou- » geâtre.

» La première couche qui enveloppe le globe est com- » posée de ce limon avec des parties de végétaux ou d'ani- » maux détruits, ou bien avec des particules pierreuses ou » sablonneuses. On peut remarquer, presque partout, que » la terre labourable est rougeâtre et mêlée, plus ou moins, » de ces différentes matières. Les particules de sable ou » de pierre qu'on y trouve, sont de deux espèces : les unes » grossières et massives, les autres plus fines et, quelque- » fois, impalpables. Les plus grosses viennent de la cou- » che inférieure dont on les détache en labourant et en » travaillant la terre, ou bien le limon supérieur, en se » glissant et en pénétrant dans la couche inférieure, qui » est de sable, ou d'autres matières divisées, forme ces

» terres qu'on appelle des sables gras; les autres parties
» pierreuses, qui sont plus fines, viennent de l'air, tom-
» bent comme les pluies, et se mêlent intimement au li-
» mon. C'est proprement le résidu de la poussière que
» l'air transporte, que les vents enlèvent continuellement
» de la surface de la terre, et qui retombent ensuite après
» s'être imbibés de l'humidité de l'air. Lorsque le limon
» domine, qu'il se trouve en grande quantité et qu'au
» contraire les parties pierreuses et sablonneuses sont en
» petit nombre, la terre est rougeâtre, pétrissable et très
» fertile; si elle est, en même temps, mêlée d'une quan-
» tité considérable de végétaux ou d'animaux détruits, la
» terre est noirâtre, et souvent elle est encore plus fertile
» que la première; mais si le limon n'est qu'en petite
» quantité, aussi bien que les parties végétales ou anima-
» les, alors la terre est blanche et stérile, et lorsque les
» parties sablonneuses, pierreuses ou crétacées qui com-
» posent ces terres stériles et dénuées de limon, sont mê-
» lées d'une assez grande quantité de parties de végétaux
» ou d'animaux détruits, elles forment les terres noires et
» légères qui n'ont aucune liaison et peu de fertilité; en
» sorte que suivant les différentes sortes de combinaisons
» de ces trois différentes matières, du limon, des parties
» d'animaux et de végétaux, et des particules de sable
» et de pierre, les terres sont plus ou moins fécondes et
» différemment colorées. »

Il résulte de tous les principes géologiques dont nous venons de donner une analyse fort succincte, que la fertilité du sol varie autant que sa composition.

Le géologue instruit est donc le plus apte à connaître le degré de fertilité d'une terre, et la géologie est donc une science très utile à l'expert géomètre. Il ne faut pas croire, cependant, que la connaissance de la géologie suffise pour mettre en état de déterminer la valeur d'un bien-fonds; elle est, incontestablement, d'un grand secours, néanmoins, sans l'expérience ou la connaissance pratique des divers produits qui peuvent résulter de la culture, le géologue sera toujours mauvais expert ; tandis qu'il n'est pas rare de voir de bons experts qui ne sont pas géologues.

La connaissance de la valeur des immeubles ne peut s'acquérir que par une étude toute spéciale, dont les principaux éléments, indépendamment des principes géologiques, sont consignés dans les observations générales, que nous allons faire connaître ; nous entrerons ensuite dans les détails.

## OBSERVATIONS GÉNÉRALES SUR LA VALEUR DES IMMEUBLES.

La valeur du sol et de tous les immeubles en général dépend, sauf quelques exceptions bien rares, du produit qu'on peut en retirer, déduction faite des frais d'exploitation, de réparations, d'entretien, des cas fortuits et de la contribution foncière dont ils sont grevés. En d'autres termes, cette valeur dépend de ce qu'on appelle *revenu net.*

La valeur des immeubles ne dépend pas seulement des produits qu'ils peuvent donner, leur agrément doit aussi être considéré et apprécié, surtout dans les villes et leur banlieue.

On trouve rarement des données suffisantes pour déterminer les produits d'un immeuble. Presque toujours les experts sont dans la nécessité de faire leurs évaluations par comparaison à des objets de même quantité et nature dont ils connaissent d'avance le produit net.

Il faut donc, pour être à même d'évaluer un immeuble quelconque dont il ne connait pas le produit, que l'expert connaisse le produit d'un autre immeuble de même nature et de même qualité. Cette connaissance doit suffire, quelle que soit l'étendue de l'un et de l'autre immeuble, s'il s'agi- de bien-fonds. Dès que la valeur de l'un des deux est bien connue, la valeur de l'autre ne doit plus présenter aucune difficulté, puisque les deux valeurs sont dans le même rapport que les deux contenances. Nous ferons cependant observer à ce sujet que, si les deux objets que l'on compare ne sont pas situés à des distances égales, la valeur de l'un ou de l'autre doit augmenter ou diminuer, selon qu'il se trouve plus rapproché ou plus éloigné du centre de l'exploitation, des villes ou des villages.

On conçoit aussi que la différence des pentes ou des rampes des chemins qui y conduisent, doit être prise en considération.

Pour déterminer le revenu net (année commune) d'un bien-fonds dont on connait les divers produits en denrées, le moyen le plus usité est de prendre dans les mercuriales les prix de ces denrées pendant les quatorze dernières années, d'en retrancher les deux plus forts et les deux plus faibles, et de prendre le dixième de la somme des prix des dix années restant; ce dixième exprimera le prix des denrées, année commune; on en fait l'application aux diverses denrées produites par le bien-fonds, et pour avoir le revenu net il n'y a plus qu'à opérer les déductions indiquées plus haut.

Cette méthode est la même que celle qui est adoptée pour les évaluations des capitaux des rentes en denrées. On cherche, par les mêmes moyens, le prix de ces denrées, et on le capitalise sur le taux fixé par la loi. Ce taux est de 4 p. 0/0 pour les rentes en denrées, et de 5 p. 0/0 pour les rentes en argent. (Décret du 18 décembre 1790, loi du 29 décembre 1790.)

Le décret du 3 septembre 1807 fixe à 5 p. 0/0 le taux de l'intérêt de l'argent en matière civile ; mais il est reconnu, en général, qu'un immeuble qui rapporte, année commune, un revenu net de 3 p. 0/0, sur le prix de l'acquisition, est acheté à sa juste valeur. Conséquemment, l'immeuble qui rapporterait moins serait acheté cher, et celui qui rapporterait plus serait acheté à bas prix.

Il résulte de ce que nous venons de dire : 1° qu'une rente de 300 francs en argent représente un capital de 6,000 francs ; 2° Qu'une rente de même valeur en denrées, représente un capital de 7,500 francs (La loi oblige le débiteur qui veut en opérer le rachat à payer au créancier, non seulement le capital formé comme nous venons de le dire, mais encore le dixième de ce capital en sus.) ; 3° qu'un immeuble dont le revenu net de l'année moyenne s'élèverait aussi à 300 francs représente une valeur de 10,000 francs.

On est étonné, tout d'abord, de tant de différence dans ces valeurs. Les produits étant les mêmes pour les immeubles et pour les rentes, il semblerait que leur valeur ne devrait présenter aucune différence ; mais la raison n'en est pas difficile à trouver. Il suffit de considérer : 1° que la rente ne varie jamais son produit, c'est-à-dire que la rente en denrées donne, tous les ans, la même quantité de denrées, et que la rente en argent donne toujours la même somme en argent ; de telle sorte que ces quantités ou ces sommes annuelles ne peuvent augmenter ni diminuer ; 2° que les rentes ne peuvent être frappées d'hypothèques (loi du 11 brumaire, an VII) ; 3° que la faculté du rachat et surtout la division, dont elles sont d'ailleurs susceptibles, les déprécie beaucoup.

Les immeubles, au contraire, sont susceptibles d'une grande augmentation dans leur produit, s'ils sont entre bonnes mains, soit par de nouvelles plantations, soit par des assainissements, soit par une infinité de réparations ou de distributions qui peuvent, tout en les rendant plus productifs, les changer en lieux d'agréments. Les immeubles offrent, de plus, l'avantage de payer largement les soins de celui qui en dirige l'exploitation avec discernement; ainsi le propriétaire qui cultive lui-même, si l'immeuble est assez étendu pour l'occuper toute l'année, peut en retirer de quoi fournir très largement à son entretien, et économiser au moins le revenu net qui aurait servi de base à l'évaluation de cet immeuble. Si ce propriétaire se trouve avoir besoin d'emprunter de l'argent, son immeuble pouvant être frappé d'hypothèque, il ne lui sera pas difficile d'en trouver, pourvu que ses besoins n'excèdent pas la valeur de la garantie que représente sa propriété; tandis que le propriétaire d'une rente ne pourra jouir d'aucun de ces avantages; il sera forcé de se contenter de son produit annuel et invariable, et si le grevé en opère le rachat, le capital ne produira rien, jusqu'à ce qu'il ait été replacé. Le placement des capitaux à intérêt offre aussi de grands inconvénients, tels que la difficulté des recouvrements qui nécessitent souvent beaucoup de faux frais qui ne sont jamais remboursés; les faillites; les lacunes entre les recouvrements et les replacements, etc. Toutes ces considérations sont plus que suffisantes pour faire ressortir l'avantage de la propriété immobilière sur la propriété mobilière.

Pour devenir capable d'évaluer toute sortes d'héritages, l'expert doit commencer par se procurer les documents nécessaires pour connaître le produit net d'un nombre de parcelles suffisant pour représenter les diverses qualités de chaque nature de culture.

L'expérience nous a prouvé qu'il suffit de diviser chacune de ces natures de culture en dix classes et de prendre une ou deux parcelles dont on puisse bien constater le produit dans chaque classe.

Lorsque les produits et la contenance de chacune de ces parcelles seront bien connus, le produit d'un hectare de chaque classe sera facile à déterminer dans chaque nature de culture et conséquemment la valeur réelle d'un hectare de chaque qualité de terrain, puisque, une fois le produit net connu, il n'y a plus qu'à capitaliser la valeur de ce produit sur le taux de trois pour cent.

En conséquence l'expert n'aura qu'à bien étudier la nature du sol, dans chaque parcelle prise pour type, et dont il aura bien constaté le produit. Alors il devra examiner avec soin tout ce qui caractérise particulièrement la composition du sol dans chaque classe, l'état des plantations pour les terrains plantés, la qualité du gazon et les moyens d'arrosement pour les prairies, etc., et lorsqu'il sera parvenu à distinguer parfaitement les diverses qualités de toute espèce, il n'aura plus qu'à comparer et ne pourra éprouver que bien peu de difficultés ; mais comme on doit se défier de ses forces, il sera toujours prudent que l'expert s'entoure de tous les bons renseignements qu'il pourra se procurer.

Il est bon d'observer ici que tout ce que nous avons dit ci-dessus, sur les valeurs des biens-fonds, ne s'applique, en général, qu'aux valeurs réelles ou *intrinsèques*.

Il nous reste encore à parler des valeurs vénales que les experts sont souvent appelés à déterminer, surtout en matière d'enregistrement, lorsque l'administration présume que le prix réel des acquisitions n'a pas été porté en entier dans l'acte de vente. Il se fait aussi beaucoup de ventes dont le prix est soumis à l'arbitrage de l'expert. Dans le partage d'une succession, lorsque quelque cohéritier vient en moins prenant, les experts doivent évaluer les immeubles d'après leur valeur vénale ; autrement il en résulterait, nécessairement, un préjudice réel pour quelqu'un des copartageants. Dans les localités où la valeur vénale est au-dessous de la valeur réelle le préjudice serait pour celui qui n'aurait rien reçu en avancement d'hoirie ou par donation, et dans les localités où cette valeur vénale serait au dessus de la valeur réelle, le préjudice serait pour le cohéritier moins prenant. Il est évident que ce préjudice serait plus ou moins grand, suivant que la valeur vénale s'écarterait plus ou moins de la valeur réelle. Il est donc essentiel de rechercher le meilleur moyen de parvenir à la connaissance de l'appréciation de la valeur vénale.

Disons, d'abord, ce qu'on entend par *valeur vénale* : c'est le prix que l'on pourrait obtenir de l'immeuble si on le mettait en vente.

Ce prix peut varier d'une localité à l'autre et à diverses époques. En d'autres termes la proportion du revenu net à la valeur capitale des biens-fonds varie suivant les temps et les lieux. Généralement cette proportion ne s'écarte guère de 3 à 100. Il y a cependant des localités où les acquisitions de biens-fonds s'élèvent jusqu'à capitaliser le revenu net sur le taux de 2 p. 0/0, tandis que, dans d'autres, ce capital ne dépasse pas le taux de 4 p. 0/0. Cette différence est énorme, puisqu'elle fait voir que les prix de deux bien-fonds de même qualité et étendue, mais situés dans des localités différentes, varient dans la proportion de 2 à 4, c'est-à-dire que dans une localité l'un se vendra le double de l'autre.

Cette diversité de valeurs pour des objets dont le produit est le même dépend de plusieurs causes : premièrement, du nombre des acheteurs comparé avec l'étendue des biens-fonds à vendre. Ainsi, dans une localité où les habitants sont industrieux et économes, et se sont créés, par leurs épargnes successives, quelques capitaux, les biens fonds seront beaucoup plus recherchés et auront une valeur beaucoup plus grande que dans une localité où les habitants ne sont ni laborieux, ni économes, et par conséquent peu aisés et sans capitaux. En second lieu, le prix des biens-fonds dépend de leur proximité des villages ou des villes, surtout pour les ventes en détail.

Le haut prix des terres. pour les ventes en détail, dépend beaucoup de l'aisance de la classe qui vit de salaires et du nombre des habitants qui se trouvent dans cette position.

On ne saurait trouver des bases certaines pour bien déterminer les valeurs vénales; nous nous contenterons de dire que le moyen qui nous paraît le plus sûr, consiste à faire l'estimation par comparaison, avec des fonds de terre semblables vendus à des époques rapprochées, et dont on connaîtra le prix de vente; mais il n'est pas toujours facile de se procurer les objets de comparaison.

## ÉVALUATIONS PAR NATURE DE PROPRIÉTÉS.

Dans les évaluations par nature de culture, il ne faut jamais s'écarter des principes déjà émis précédemment, soit dans les observations géologiques, soit dans nos observations générales sur la valeur des immeubles ; mais indépendamment de ces principes dont nous allons faire l'application séparément aux différentes nature de propriétés, nous joindrons des observations particulières à chaque genre de propriété :

*Evaluation des terres labourables.*

Supposons un sol calcaire réunissant toutes les conditions voulues pour une bonne terre, et d'un hectare d'étendue.

Voici quel sera son produit sur une période de six ans :

1re année, 200 hectolitres pommes à 2 fr. l'hectolitre, ci........................ 400 fr.

2me année, 20 hectolitres froment à 18 fr. l'hectolitre, ci........................ 360

3me année, 16 hectolitres froment à 18 fr. l'hectolitre, ci........................ 288

4me année, 20 hectolitres orge à 10 fr. l'hectolitre, ci........................ 200

*A reporter*........ 1248

| | |
|---|---|
| *Report*............ | 1248 |
| 5me année, 200 quintaux de fourrage artificiel à 1 fr. 50, ci.......................... | 300 |
| 6me année, même quantité de fourrage au même prix, ci.......................... | 300 |
| TOTAL............ | 1848 fr. |

Nous avons laissé le produit des pailles pour les compenser avec la dépense du fumier.

Voici maintenant les déductions qu'il y a à faire :

En général, il faut six journées d'une paire de bœufs pour le premier labour ; quatre journées pour le second ; trois journées pour semer les pommes de terre ; trois journées pour les arracher ; deux journées pour couvrir la semence du froment de la deuxième année ; quatre journées pour déchaumer ; deux journées pour couvrir le froment de la troisième année ; quatre journées de labour pour la récolte de la quatrième année ; quatre journées pour le second labour ; deux journées pour couvrir la semence de l'orge et du fourrage artificiel ; trois journées pour transporter le fumier ; trois journées pour le transport des gerbes ; une journée pour entrer les pommes de terre ; six journées pour entrer les fourrages ; en tout quarante-sept journées d'une paire de bœufs. Trois journées de femme pour semer les pommes de terre ; quinze journées pour les ramasser ou les charger dans les tombereaux ; dix-huit journées pour sécher les fourrages ; vingt journées pour sarcler les pommes de terre ou répandre le fumier ; en tout cinquante-six journées de femme.

Une journée d'homme pour jeter la semence en grains ; dix-huit journées de moissonneur ; dix-huit journées de batteurs ou engrangeurs ; douze journées de faucheur ; en tout quarante-huit journées d'homme ;

Nous avons donc quarante-sept journées d'une paire de bœufs à 4 fr., ci. . . . . . . . . . . . . . . 188 fr.

Cinquante-six journées de femme à 80 c., nourriture comprise, ci. . . . . . . . . . . . . . . . 45

Quarante-huit journées d'homme, à 1 fr. 75, nourriture comprise, ci. . . . . . . . . . . . . . . . . 84

Vingt hectolitres de semence en pommes de terre, à 2 fr., ci. . . . . . . . . . . . . . . . . . . . . 80

Cinq hectolitres de semence en froment pour les deux années, à 18 fr., ci. . . . . . . . . . . . . . 90

Deux hectolitres de semence en orge à 10 fr., ci . . . . . . . . . . . . . . . . . . . . . . . . . . . . . . 20

Graine de luzerne et sainfoin. . . . . . . . . . . 40

Imposition. . . . . . . . . . . . . . . . . . . . . . . . . 30

Total des déductions à opérer. . . . . . . . . . . 577 fr.

Plus, pour cas fortuits, un vingtième du produit brut. . . . . . . . . . . . . . . . . . . . . . . . . . 93

Total des déductions de toute nature. . . . . . . 670 fr.

Il reste donc, pour le produit net de six années. . . . . . . . . . . . . . . . . . . . . . . . . . . . . 1178 fr.

Le sixième de ce produit, pour l'année commune, est de. . . . . . . . . . . . . . . . . . . . . . . . 196 fr.

Ce dernier produit, capitalisé sur le taux de 3 p. 0/0, représente une valeur de 6,533 fr. ; c'est le prix auquel l'estimation de l'expert devrait s'élever.

Dans les calculs qui précèdent, nous avons supposé que la terre était située à 200 mètres de distance seulement du centre de l'exploitation ; il y a d'ailleurs peu de terres labourables plus rapprochées; mais il est évident que plus une terre est éloignée plus sa valeur doit diminuer. Cette remarque nous a suggéré l'idée de chercher une formule générale à l'aide de laquelle l'expert puisse, au moyen d'un simple calcul, trouver la somme à déduire pour la diminution de valeur en raison de l'éloignement.

Voici de quelle manière nous avons déterminé cette formule :

Nous avons d'abord cherché le nombre de voyages qu'il fallait faire avec une paire de bœufs pour l'exploitation d'une terre de même qualité que la précédente.

Il est évident que quelle que soit la distance ou l'éloignement de cette terre, le nombre de voyages pour les divers transports ou labours ne saurait augmenter ni diminuer. Cela posé, nous revenons sur le calcul des déductions que nous avons faites plus haut, et nous trouvons : 1° 34 voyages pour les trente-quatre journées de labours ; 2° 30 voyages pour le transport du fumier ; 3° 14 voyages pour le transport des pommes de terre ; 4° 30 voyages pour le transport des gerbes ; 5° 48 voyages pour le transport des fourrages.

En tout 156 voyages, dont le 1/6. pour une année moyenne, est de 26 voyages ; mais admettons 30 voyages, parce que nous n'avons pas tenu compte de la perte de temps des ouvriers qu'on y envoie ni des bestiaux qu'on y mène paître.

La journée de bœufs, avec son conducteur, se paie ordinairement 4 francs. Une paire de bœufs parcourt, terme moyen, 20 kilomètres par jour. A chaque voyage on parcourt deux fois la distance pour aller ou revenir. Comme nous avons supposé la parcelle type à 200 mètres de distance, et que les frais de transport ont été déduits pour cette distance, il faudra retrancher les 200 mètres dans la formule.

Cela posé, il est évident que le prix d'un voyage est à deux fois la distance à parcourir, moins deux fois 200 mètres, comme le prix de la journée d'une paire de bœufs est à 20,000 mètres. Ainsi, en représentant par P le prix d'un voyage, et par D la distance à parcourir, nous aurons la proportion suivante :

P : 2 D — 400 : : 4 fr. (prix de la journée) : 20,000 m.

D'où l'on tire $P = \frac{8\ D - 1600}{20000}$ et en simplifiant,

$P = \frac{D - 200}{2500}$ ; ce qui démontre que pour avoir le prix d'un voyage il faut retrancher 200 mètres de la distance à parcourir et diviser le reste par 2500.

Mais puisque nous avons trouvé qu'il y avait 30 voyages à faire annuellement, nous pouvons trouver la formule qui doit exprimer le prix des voyages d'une année, en multipliant les deux termes de l'équation par 30, ce qui donne :

$$30\ P = \frac{30\ D - 6000}{2500}$$

En simplifiant la fraction et négligeant les décimales au dénominateur, nous aurons : $30\ P = \frac{D - 200}{83}$ ; ce qui fait voir que pour avoir le prix de tous les voyages, il faut retrancher 200 mètres de la distance à parcourir et diviser le reste par 83 ; le quotient exprimera les frais à déduire en plus pour une terre de même qualité que celle prise pour type et située à plus de 200 mètres.

Faisons l'application de ce qui précède à une terre située à 1200 mètres de distance : le prix de tous les voyages égale 1200 — 200 ou 1000 divisé par 83. Ce prix est donc de 12 francs, plus quelques centimes que l'on peut négliger.

La différence de valeur pour cette terre sera donc de 12 francs, capitalisés sur le taux de 3 p. 0/0 ou bien de 400 fr. par hectare.

Ainsi cette terre, quoique d'une fertilité égale à celle ci-dessus prise pour type, se trouvant située à 1200 mètres de distance, ne devra être évaluée qu'à la somme de 6100 fr., tandis que l'autre devra être évaluée 6500 francs. Nous avons négligé, de part et d'autre, 33 francs parce qu'il est d'usage de le faire toutes les fois que ce qui excède les centaines ne dépasse pas 50 fr., à moins que l'évaluation ne s'élève qu'à une faible somme.

On pourrait encore trouver une formule qui exprimerait le capital des frais à déduire, ce qui serait un peu plus avantageux. Il n'y aurait qu'à capitaliser le prix de la journée d'une paire de bœufs sur le taux de 3 p. 0/0 et substituer ce capital au prix de la journée dans la première formule; mais nous pensons qu'il nous suffit d'en avoir indiqué le moyen, et que de plus longs détails finiraient pas devenir ennuyeux.

Il ne faut pas croire, cependant, que nous donnions cette règle comme invariable; mais, en général, on ne doit pas s'en écarter de beaucoup. Au reste l'expert un peu intelligent concevra aisément que si le chemin était en pente rapide, il faudrait augmenter un peu les frais à déduire; qu'il faudrait les augmenter aussi si la terre était d'un labour plus difficile, quoique aussi productive que la première dont nous avons parlé, et qu'enfin il faudrait, au contraire, les diminuer un peu si la culture en était plus facile. Le jugement de l'expert le moins expérimenté doit suffire pour déterminer ces augmentations ou ces diminutions.

Pour l'application de la formule ci-dessus aux terres de qualité inférieure, l'expert devra observer dans quelle période les récoltes s'y succèdent, et comme il y a toujours moins de voyages à faire dans l'exploitation des terres d'une qualité inférieure, parce qu'elles restent plus longtemps en jachère, on pourrait graduer le nombre des voyages proportionnellement aux diverses qualités du sol.

Ainsi, supposons que le prix des diverses qualités de terre soit, par hectare, savoir : 1re qualité, 6500 francs ; 2e qualité, 5000 francs ; 3e qualité, 4000 fr. ; 4e qualité, 3000 fr. ; 5e qualité, 2400 fr. ; 6e qualité, 1600 fr. ; 7e qualité, 1000 fr. ; 8e qualité, 600 fr. ; 9e qualité, 400 fr. ; 10e qualité, 200 fr.

Le nombre des voyages à déduire serait alors très approximativement dans la proportion suivante, savoir : 1re qualité, 30 ; 2e qualité, 24 ; 3e qualité, 20 ; 4e qualité, 15 ; 5e qualité, 12 ; 6e qualité, 8 ; 7e qualité, 5 ; 8e qualité, 3 ; 9e qualité, 2 ; et 10e qualité, 1.

En conséquence, pour une terre de 3000 fr., le nombre de voyages serait 15 ; pour une terre de 2400 fr., le nombre de voyages serait 12 ; ainsi de suite, et comme il arrivera souvent que des terres auront des valeurs dont le chiffre ne se trouvera pas dans la série des prix ci-dessus, le nombre des voyages pour les terres de ces sortes de valeurs devra être dans le même rapport que ces valeurs avec les prix désignés dans la série ci-dessus, et le nombre de voyages qui s'y rapportent.

Si, par exemple, cette valeur était de 2000 fr., le nombre des voyages serait 10, nombre qui se trouve dans la même proportion avec 2000 que 12 avec 2400, etc. Nous ne nous étendrons pas davantage sur ces déductions parce que c'est une chose trop simple pour ne pas être bien comprise.

La plus grande difficulté qu'éprouve un expert débutant, c'est de bien distinguer les diverses qualités du terrain ; mais, pour peu qu'il veuille s'en donner la peine, il parviendra aisément à vaincre cette difficulté. Pour cela, il faut, nous le répétons, qu'il ne cesse d'observer ce qui caractérise les diverses qualités des terres dont il a fait choix pour types, et dont il sera parvenu à bien connaître la valeur par les moyens que nous avons indiqués. Ainsi il observera si elles sont de nature calcaire, argileuse, schisteuse, granitique, basaltique ou volcanique, d'alluvion, etc., etc. ; il remarquera leur couleur, le grain plus ou moins fin, si elles ont une apparence onctueuse, si elles sont légères, et surtout l'épaisseur de la couche végétale, qu'il est facile de reconnaître au moyen de la bêche ou de la pioche. Il est néanmoins facile de reconnaître les terres maigres sans employer ce moyen. Avec un peu d'attention on verra que la charrue a ramené à la surface la terre glaise, le schiste, le bousin, etc., qui composent le sous-sol.

En remarquant même les végétaux que la terre produit naturellement, l'expert en trouvera plusieurs qui lui feront connaître la qualité du sol. Ainsi, par exemple, la bruyère et l'ajonc indiquent un mauvais terrain noir et léger ; l'ajonc annonce de plus un terrain aigre. Néanmoins, en général, le terrain où il ne croît que de la bruyère vaut moins que celui où se trouve l'ajonc ; mais l'un et l'autre indiquent toujours un mauvais terrain.

L'hièble, au contraire, indique toujours une bonne terre, quoique ce soit une mauvaise plante et qu'elle porte souvent un grand préjudice aux récoltes, car il est fort difficile de la détruire entièrement.

La burgane (ou arrête-bœuf) est encore une mauvaise herbe qui n'annonce pas un mauvais terrain ; néanmoins on doit prendre en considération l'inconvénient de ces mauvaises herbes dans l'évaluation des terres, quelque bonnes quelles soient.

Les terres où naît la chicorée sauvage ou dent-de-lion, sont préférables. On remarquera encore que le chiendent est une herbe fort difficile à déraciner, mais qui se trouve presque toujours dans un assez bon terrain.

Nous pourrions signaler encore un grand nombre d'herbes qui ne se rencontrent que dans les bons terrains ; mais nous dirons seulement que ce sont, en général, toutes celles qui ont leurs racines pivotantes.

On trouve souvent dans des terrains maigres les herbes que nous venons de signaler; mais, alors, elles sont chétives et tout-à-fait grêles.

D'autres herbes indiquent les parties aqueuses du sol : telles sont les joncs, les piments, les tussilages ou pas-d'âne, etc. Il est extrêmement rare de voir de belles récoltes sur les parties de terrain où croissent ces herbes.

Le bouillon-blanc, la digitale et les mousses dénotent toujours une mauvaise terre. En général, les herbes à tige et feuilles velues ne se trouvent que dans les terrains secs et arides. Les plantes succulentes sont rarement garnies de poils et ne viennent pas dans les lieux secs et arides.

Une terre qui se gazonne bien et qui ne produit pas les mauvaises herbes que nous venons de signaler, est de bonne qualité ; mais si elle ne produit du gazon que çà et là, c'est-à-dire que le gazon soit entrecoupé de telle sorte que le terrain se montre à nu dans les intervalles, on est alors assuré que cette terre est mauvaise.

Lorsque la surface du sol se soulève à l'action du froid et qu'il se forme une croûte qui cède sous les pieds, lors des gelées, le terrain est mauvais et ne produit que de mauvaises récoltes.

On trouve assez rarement des parcelles dont le terrain soit, sur toute leur étendue, de même qualité; ce qui oblige l'expert à examiner chaque parcelle sur tous ses points afin qu'il puisse saisir les diverses nuances que la qualité du sol peut présenter. Lorsqu'il en a bien remarqué toutes les variétés, il doit juger à l'œil la contenance de chacune et l'évaluer séparément.

L'épaisseur de la couche végétale des terres en pente un peu rapide devant nécessairement diminuer chaque fois qu'il tombe une forte pluie, ces terres doivent valoir beaucoup moins que les terres en plaine. Elle sont sujettes d'ailleurs à être considérablement dégradées lorsqu'elles sont fraîchement labourées. Il est surtout des positions où les terres sont beaucoup plus exposées que dans d'autres, quoique avec des pentes moins rapides: ce sont celles qui se trouvent enfoncées vers leur milieu, relevant des deux côtés et présentant la concavité d'une section de cône inclinée et renversée. Ces positions reçoivent, comme par un entonnoir, une grande quantité d'eau formée de celle qui tombe sur une grande surface des terrains supérieurs et qui se concentre presque sur un seul point pour y former un torrent, surtout dans les moments d'orage. C'est dans de pareilles positions que se sont formés tous les ravins que l'on voit dans les versants des collines ou des montagnes. Il faut donc que l'expert examine bien les diverses positions pour en découvrir tous les inconvénients.

Les terrains en pente ne sont pas les seuls qui soient sujets à être dégradés par les fortes pluies ou les orages, les fonds inférieurs, quoique en plaine, sont assujétis à recevoir les eaux qui découlent naturellement des terrains supérieurs, et par conséquent toutes les matières que ces mêmes eaux entraînent dans leur cours impétueux; de telle sorte que l'on voit quelquefois, sur des terrains en plaine, au pied des collines ou des montagnes, de belles récoltes, près de leur maturité, entièrement ravagées ou même ensevelies sous une forte couche de gravier ou de pierraille que les eaux ont détachées du terrain supérieur, et pour l'enlèvement de laquelle il faut des dépenses énormes.

Le meilleur parti que l'on puisse tirer de ces terrains c'est de les complanter d'arbres fruitiers qui conviennent à la nature du sol. Dans les pays schisteux on voit souvent de belles châtaigneraies dans de pareilles positions.

Le voisinage des rivières est quelquefois nuisible, d'autres fois avantageux. Si la rivière se porte avec plus de force d'un côté que de l'autre, elle est nuisible à l'un et avantageux à l'autre. Si, au lieu d'entraîner du sable ou du gravier dans les inondations, la rivière se retire après un débordement en ne laissant que du limon, le terrain sujet à ces inondations est le meilleur de tous. Les terres qui se trouvent entre deux rivières et à leur confluent sont toujours les plus fertiles, quelquefois même elles le sont à l'excès, et les récoltes ne peuvent y mûrir parce qu'elles deviennent trop grasses.

Les plus mauvaises terres labourables sont noires et légères ou blanchâtres ; on appelle vulgairement celles-ci *terres de lapin*.

Le climat influe beaucoup sur la fertilité du sol. Dans un pays froid les terres ne sont jamais aussi fertiles que dans un pays chaud. On a remarqué que le développement des plantes avait des causes externes et qu'elles tiraient leur nutrition plus que du sein de la terre. « Parmi les causes externes, dit Richard (édition de 1819, p. 132.), on » doit placer la température, l'influence de la lumière et » du fluide électrique; on sait, généralement, qu'une » température chaude favorise singulièrement le cours de » la sève. »

Dans lès vallons un peu resserrés, les terres qui avoisinent les ruisseaux, quoique ordinairement de bonne qualité, ont l'inconvénient d'être exposées aux gelées blanches du printemps, aux brouillards et à la nielle; ce qui les déprécie beaucoup. Ces inconvénients doivent être pris en considération dans les évaluations.

L'aspect de l'immeuble doit donc être considéré pour beaucoup. Dans les pays où les hivers sont très rigoureux, l'aspect du midi est le meilleur. Dans les pays très chauds on préfère, au contraire, l'aspect du nord, surtout pour les terres dont la couche végétale est un peu épaisse, parce qu'elles craignent beaucoup la sécheresse.

Dans aucun pays l'aspect du nord ne convient aux terres humides.

Il nous reste encore à signaler une qualité de terrain qui pourrait paraître mauvaise à des experts qui ne la connaîtront pas. Nous voulons parler des champs dont la couche végétale est toute entremêlée de petites pierres ou cailloux qui ont été roulés par les eaux et qui s'y trouvent quelquefois en si grande quantité qu'on n'aperçoit presque pas de terre végétale à la surface. Ces pierres, toujours rondes ou de forme sphéroïdale, ne pouvant conséquemment se toucher qu'en un seul point, laissent entre elles des espaces qui sont remplis de terre végétale d'excellente qualité. Les récoltes y sont généralement des plus abondantes. Dans les terrains calcaires on trouve beaucoup de champs de cette espèce; ce sont ordinairement les plus estimés. On doit cependant considérer dans leur évaluation que le labour est toujours plus coûteux que dans les autres terres.

Parmi les diverses natures de culture, les terres labourables sont celles qui présentent le plus de diversité dans leur valeur. Dans certains pays elles varient plus que dans d'autres.

Dans les terrains schisteux leur valeur varie depuis 120 francs jusqu'à 2000 l'hectare.

Dans les terrains granitiques, basaltiques ou gréveux, depuis 120 fr. jusqu'à 3000 fr.

Dans les terrains calcaires et argilo-calcaires, depuis 200 fr. jusqu'à 6000 fr.

La valeur des terres d'alluvion peut aller jusqu'à 8000 fr. Il y a même des chènevières qui valent beaucoup plus.

### *Evaluation des jardins.*

La culture des jardins est tellement variée, qu'il est presque impossible d'en constater le produit d'une manière approximative. Nous pensons que la meilleure base de leur évaluation est leur comparaison avec ceux dont on connait les prix de vente. Ils sont, en général, de petite contenance, et les prix qu'on y attache sont, le plus souvent, des valeurs de convenance ou d'agrément. C'est sans doute pour cette raison que pour l'assiette de l'impôt foncier la loi ne permet pas d'évaluer les plus mauvais jardins au-dessous des plus mauvaises terres labourables de la commune où ces jardins sont situés. Nous ne prescrirons pas, cependant, ce mode aux experts pour leurs évaluations ordinaires. Ils doivent, dans cette opération, se rapprocher autant que possible de leur véritable valeur en les comparant à d'autres jardins de même position.

En général, les meilleurs ne valent pas plus de 200 fr. l'are, eu égard à leur produit. Mais comme l'agrément ou la convenance doivent être pris en considération, on en voit qui se vendent jusqu'à 400 fr. l'are. Ceux qui sont ornés de bassins, jets d'eau, etc., peuvent être d'une plus grande valeur.

La valeur des jardins ordinaires ne dépasse guère 100 francs l'are : dans les campagnes on ne les évalue guère au-delà de 50 fr.

### *Evaluation des vergers.*

On appelle verger un lieu clos et complanté d'arbres fruitiers. Le principal produit des vergers provient des fruits qu'on en retire ; la valeur de ces fruits doit former la principale base de l'estimation.

La vigueur des arbres fait juger de la qualité du sol. Il y a des vergers qui sont d'excellents prés, qu'on défriche de loin en loin pour maintenir le bon état des arbres qu'on y cultive. On est alors dédommagé de la perte du foin par les bonnes récoltes qui leur succèdent ; il faut donc ajouter à la valeur des fruits celle du foin ou des récoltes qu'on peut en retirer.

La valeur des vergers varie depuis 30 fr. jusqu'à 150 fr. l'are.

### *Evaluation des prés.*

Les prés sont la nature de culture la moins sujette à casualité, celle qui coûte le moins de frais d'exploitation, et en général la plus recherchée. Cependant presque tous les anciens experts (et le plus grand nombre des jeunes suit leurs errements) s'écartent, dans l'évaluation des prés, de la base générale que nous avons posée en principe. Nous avons une grande vénération pour nos collègues plus vieux que nous, et nous respectons d'autant plus leurs lumières que c'est à leur école que nous avons puisé nos premières notions en expertise; mais, quelque respect qu'ils méritent d'ailleurs à tous égards, nous croyons de notre devoir de signaler une erreur de routine, qui s'est propagée jusques ici, et qu'il importe beaucoup de détruire.

Ces Messieurs conviennent, comme nous, que les biens-fonds, en général, ne rapportent pas plus de 3 p. 0/0, et que l'argent est assez avantageusement placé sur ce taux en acquisition d'immeubles. Cependant, lorsqu'il s'agit d'évaluer les prés, ils ne capitalisent leur produit que sur le taux de 5 p. 0/0.

Cette manière vicieuse d'opérer fait tomber les experts dans des contradictions manifestes que nous allons signaler : dans l'évaluation d'un patrimoine, ils font l'estimation du bien-fonds parcelle par parcelle. Ils évaluent les terres, les bois, les châtaigneraies, les vignes, etc., à raison de tant l'hectare, d'après leur connaissance normale, ou, pour mieux dire, d'après une routine tout-à-fait arbitraire, sans se donner la peine de calculer le produit ou de comparer, comme nous avons dit que l'expert devrait faire. Lorsqu'ils arrivent sur un pré, ils tâchent de constater la quantité de foin qu'il peut donner année commune, et laissant les dernières herbes pour les frais d'exploitation ou le paiement de l'impôt, ce qui est ordinairement suffisant, ils évaluent la quantité du foin suivant ce qui se vend année commune, eu égard à sa qualité, et capitalisent ensuite le montant de ce foin sur le taux de 5 p. 0/0, pour déterminer la valeur du pré.

L'estimation des immeubles terminée, si les experts sont chargés d'évaluer les fruits, ce qui a lieu toutes les fois que le partage ne se fait pas à l'ouverture de la succession et que tous les cohéritiers n'ont pas joui en commun, ils fixent la valeur de ces fruits à raison de 3 p. 0/0 du montant de leur estimation des immeubles.

Ainsi, d'un côté les experts reconnaissent que les fruits de tous les immeubles, pris ensemble, ne valent que les trois centièmes du montant de leur évaluation totale, et, d'un autre côté, ils ont reconnu d'abord que le produit des prés vaut le vingtième de leur évaluation totale des prés. N'est-il pas évident qu'il existe une erreur bien grande dans l'évaluation des fruits ou une disproportion bien grande dans les évaluations partielles des diverses natures de culture? Car, en supposant que les prés entrent pour la moitié dans l'évaluation totale des immeubles, et les autres natures toutes ensemble, pour l'autre moitié, ce qui peut très bien arriver, puisque les experts ont fixé la valeur des fruits sur le taux de 3 p. 0/0, et la valeur des prés séparément sur le taux de 5 p. 0/0, il en résulte que les fruits de toutes les natures de culture qui se trouvent dans le patrimoine, sauf ceux des prés, ne s'élèvent qu'à 1 p. 0/0 du montant de l'estimation de ces mêmes natures de culture, tandis que la valeur des fruits des prés s'élève à 5 p. 0/0 de l'estimation de ces mêmes prés, ce qui donne pour la moyenne de ces deux taux, celui de 3 p. 0/0, qui a été pris sur la totalité des évaluations.

Dans l'hypothèse que nous venons de poser, si l'estimation générale était à son taux, il s'en suivrait que les prés ne seraient portés qu'aux trois cinquièmes de leur valeur, et que les terres, les vignes, etc., seraient portées au triple de leur valeur. Peut-on concevoir rien de plus absurde? Espérons que de pareils abus, consacrés uniquement par une mauvaise routine, ne tarderont pas à disparaître.

Le produit des prés est d'autant plus facile à constater qu'il est toujours de la même espèce, sauf dans quelques localités où on les défriche une fois tous les 25 ou 30 ans. Ce produit ne varie que par la plus ou moins grande quantité, selon que les années sont plus ou moins abondantes en fourrages. On doit suivre, dans l'évaluation des prés, la même marche que celle que nous avons indiquée pour les terres labourables.

Prenons pour exemple un hectare de pré de première qualité, produisant, année commune, savoir :

| | |
|---|---|
| Première coupe, 140 quintaux de foin à 2 fr. le quintal | 280 fr. |
| Deuxième coupe, 70 quintaux de foin à 2 fr. le quintal | 140 |
| Pâturage des troisièmes herbes | 60 |
| Total du produit brut, ci | 480 fr. |

*Déductions à opérer :*

| | |
|---|---|
| Huit journées de faucheur à 2 fr | 16 fr. |
| Seize journées de faneuse à 1 fr | 16 |
| Trois journées de bœufs pour transport du foin à 300 mètres de distance, à 4 fr | 12 |
| Frais de rigolage et fermeture | 20 |
| Impositions | 56 |
| Total des déductions, ci | 120 fr. |
| Nous avons trouvé pour le produit brut | 480 |
| Différence formant le produit net, ci | 360 fr. |

Capitalisant ce dernier résultat sur le taux de 3 p. 0/0, nous trouverons pour la valeur d'un hectare de pré de première classe une somme de 12000 fr.

Dans l'évaluation des prés, de même que pour les terres et toutes les autres natures de culture, il faut tenir compte des distances où ils sont situés. Dans les calculs qui précèdent, nous avons supposé le pré à 300 mètres de distance, et nous avons reconnu qu'à cette distance il fallait trois journées de bœufs pour le transport de 210 quintaux de foin, à cause de la perte de temps qu'il faut pour la charge ou la décharge, pendant lequel nous avons reconnu que les bœufs pourraient parcourir 2400 mètres. Il faut vingt voyages pour transporter 210 quintaux de foin. Nous avons déjà dit, en traitant de l'évaluation des terres, qu'une paire de bœufs pouvait parcourir vingt kilomètres par jour.

Chaque voyage prend donc le temps qu'il faut pour la charge et la décharge, et, de plus, deux fois la distance à parcourir. Ainsi donc, pour connaître le superflu de la dépense à déduire pour un pré situé à plus de 300 mètres, on pourra employer la formule suivante:

P : 2 D — 2400 temps de la charge et de la décharge, — 600, qui exprime deux fois la distance à 300 mètres, : : 4, prix de la journée: 20,000, distance à parcourir dans un jour.

D'où l'on tire $P = \frac{D - 150}{2500}$

P représentant ce que coûte de plus le transport d'un char de foin, lorsque le pré est à plus de 300 mètres de distance, pour faire l'application de cette formule à un pré situé à 1200 mètres, il faut retrancher 150 de 1200 et diviser le reste par 2500; le quotient exprimera l'excédant de dépense que coûte un voyage de ce pré. Cet excédant est ici de 0 fr. 42 c. ; multipliant cette somme par le nombre de voyages, qui est ici de vingt, en supposant que le produit de ce pré est le même que celui du précédent, nous aurons, pour augmentation de frais, à déduire 8 fr. 40 c., et pour avoir la diminution de valeur du pré il n'y a qu'à capitaliser cette dernière somme sur le taux de 3 p. 0/0, ce qui donne 280 francs, et retrancher ce dernier résultat de 12000 francs.

Au moyen de ces calculs, on trouve qu'un hectare de pré, situé à 1200 mètres, ne vaut que 11,720 fr., ou 11,700 fr., tandis qu'un hectare de pré de même qualité, situé à 300 mètres seulement, vaut 1200 francs.

La formule que nous venons de donner pourra s'appliquer à un pré quelconque, il suffira seulement de la multiplier par le nombre de voyages qui doit varier comme la quantité de foin.

L'expert qui aura eu le soin de prendre un certain nombre de parcelles pour type, comme nous l'avons conseillé pour toutes les terres labourables et comme nous le conseillons pour toutes les natures de culture, ne pourra guère se tromper dans ses évaluations.

Il y a des prés qui sont dans des positions telles que, pour le transport des foins, il faut monter des côtes très rapides, et que les bœufs ne peuvent traîner que la moitié d'une charretée ordinaire. Dans ce cas il faudrait porter dans l'application de la formule le double de voyages. Il faut enfin que l'expert calcule approximativement le nombre de voyages sur la difficulté plus ou moins grande que présentent les chemins.

Comme dans les exploitations rurales les transports se font généralement par les bœufs, nous avons jugé inutile de parler de ceux qui se font au moyen de mulets ou de chevaux ; nous arriverions d'ailleurs, à très peu de chose près, au même résultat.

Les diverses qualités de prés se distinguent principalement par leur gazon et par leur moyen d'arrosage.

Les plus productifs sont ceux qui reçoivent les égoûts des villes ou des villages, et ceux que l'on arrose à volonté au moyen de sources suffisamment abondantes. Dans le département de l'Aveyron, les meilleurs prés sont dans le vallon de Nant. Leur valeur s'élève jusqu'à 16,000 francs l'hectare.

L'attention de l'expert, pour l'évaluation des prés, doit se porter sur quatre choses principales : la quantité et la qualité de foin, les moyens d'arrosage, et leur situation.

La qualité de foin dépend de l'espèce des herbes qui le composent; parmi les mauvaises herbes qui constituent la mauvaise qualité du foin, nous signalerons les joncs, qui sont de plusieurs espèces. Les plus mauvais sont le gros jonc, la sagittaria, et toutes les fléchières de Linnée. Ces plantes sont non-seulement mauvaises, mais elles indiquent toujours un terrain marécageux, qui ne produira jamais de bon foin.

La prêle est une herbe malfaisante pour les bestiaux à corne; on la trouve souvent dans des prés qui sont bons, mais qu'elle déprécie plus ou moins, suivant qu'elle s'y trouve en plus ou moins grande quantité. Cette herbe n'indique pas un mauvais terrain.

Parmi les herbes qui constituent les mauvais prés, les plus communes sont : la piloselle, petite plante acaule, dont la feuille, petite et velue, ressemble tellement à une *oreille de rat*, qu'elle est vulgairement connue sous cette dénomination ; le serpolet, l'ajonc épineux, le genêt, la bruyère et les mousses, dont les plus mauvaises sont les blanches. On ne verra jamais beaucoup de foin sur les parties de prés où l'on remarque quelques-unes de ces plantes, et la plupart des années on n'y fauche absolument rien.

Les herbes qui constituent les mauvais prés sont extrêmement nombreuses ; nous n'avons signalé que les plus communes, pour ne pas entrer dans des longueurs inutiles. L'expert doit apprendre à les connaître sur le terrain.

Il n'est pas un seul cultivateur villageois qui ne connaisse toutes les mauvaises herbes de ses prés. C'est auprès de lui que l'expert novice pourra bien apprendre à les connaître.

Pour les qualités de foin, les plus connaisseurs sont les bestiaux. L'expert n'a qu'à remarquer les herbes que les bestiaux ne veulent pas manger, et il saura bientôt distinguer les prés qui donnent du bon et du mauvais foin. Ainsi il verra que les meilleurs prés paraissent, quelquefois, tout-à-fait arides, parce que les bestiaux en ont tondu les herbes si près du sol qu'il n'en reste guère que la racine; mais que peu de jours suffisent pour voir reparaître un gazon serré et verdoyant, lorsque les bestiaux n'y vont plus.

Après la fauchaison, si le temps est très sec, comme cela arrive souvent, les meilleurs prés présentent un aspect tout-à-fait désavantageux ; on a de la peine à s'apercevoir qu'il y a eu de l'herbe sur certains points, et ce sont justement ces endroits là qui sont les meilleurs du pré. On peut faire souvent cette remarque sur les prés qui reçoivent les égouts des villages.

En général, toutes les plantes aquatiques constituent une mauvaise qualité de foin. Les prés où on les trouve en grande quantité sont de peu de valeur. Les parties de prés où naît le trèfle des marais, vulgairement appelé *oreille de chèvre*, ne sont jamais productives. Cette plante dénote toujours une des plus mauvaises qualités de pré.

La valeur des prés varie depuis 600 francs l'hectare jusqu'à 16,000 francs.

### *Evaluation des vignes.*

Dans l'évaluation des vignes il faut considérer les avantages de l'exposition, la difficulté de l'exploitation, la qualité du sol, la vigueur des ceps, la qualité du plant et le bon ou le mauvais état de sa culture.

L'exposition du nord est la plus mauvaise de toutes En général, plus l'aspect de la vigne incline au midi, plus il est bon.

Ainsi que nous l'avons dit pour les terres labourables, dans les vallons resserrés, les positions basses sont sujettes aux gelées blanches et aux brouillards qui enlèvent souvent les récoltes en entier, en faisant périr les bourgeons qui sont sortis vers le commencement du printemps.

Il y a des vignes situées dans des versants si rapides qu'on a été forcé de diviser le sol en terrasses par des murs qui coûtent beaucoup d'entretien. Ces dépenses doivent être prises en considération de même que l'éloignement.

Il est assez rare de trouver, dans les vignobles comme dans les autres natures de culture, des vignes qui ne présentent des différences sensibles dans la qualité du sol. On en trouve, au contraire, souvent qui offrent toutes les diversités de qualités de terrain, depuis la meilleure jusqu'à la plus mauvaise.

Ces diversités de qualité sont souvent annoncées par l'état de la végétation. Ordinairement, dans les parties bonnes, les ceps sont plus vigoureux que dans les parties faibles. Le contraire ne pourrait être que l'effet de la culture, plus négligée sur un point que sur un autre, ce qui est très rare sur une parcelle qui appartient à un seul propriétaire. Cela a lieu cependant très souvent dans les vignobles où on est dans l'usage de replanter les vignes par parties, c'est-à-dire par tiers, par quarts, ou par cinquièmes, etc., car on abandonne quelques années la culture des parties qui se trouvent à la fin de leur période ; mais cette circonstance ne pourrait tromper qu'un expert entièrement novice.

La connaissance des diverses qualités du plant est celle qui présente le plus de difficulté, et nous ne voyons pas la possibilité de les décrire ou de les signaler assez clairement pour les faire connaître. D'ailleurs, outre que les ceps se ressemblent beaucoup, soit par leur forme, soit par la couleur de leur bois, quoique, cependant, ce soit à la différence de leur couleur qu'on les distingue, lorsqu'ils n'ont ni feuilles ni raisins, leurs espèces varient à l'infini et suivant les divers pays.

C'est dans l'évaluation des vignes que l'expert doit se défier le plus de l'insuffisance de ses lumières. Il ne saurait trop s'entourer de renseignements propres à l'éclairer sur leur vrai produit ; mais il doit bien prendre garde de ne pas se laisser tromper par des renseignements faux.

Dans nos expertises cadastrales, nous avons rencontré des vignobles où les meilleures vignes se trouvaient sur un sol où l'on n'apercevait qu'un roc brisé et où la terre végétale n'apparaissait qu'à travers de grosses pierres et en petite quantité. Cependant la vigne y était vigoureuse ; les racines des ceps trouvaient abondamment, dans les fentes du rocher, de quoi les entretenir en bon état. Le terrain de ces vignes, peu propre à tout autre nature de culture, pourrait tromper facilement l'expert peu versé dans la pratique ; surtout s'il s'agissait d'évaluer une vigne dont la culture aurait été négligée depuis quelques années.

La fertilité des vignes dépend beaucoup du sous-sol. Lorsqu'il présente, sous la couche végétale peu épaisse, un roc dur et uni, comme, par exemple, un pavé en dalles, sans fissures, lorsqu'il se compose d'un roc mou mais serré, d'argile ou de glaise pure, s'opposant à l'infiltration des eaux, on est sûr que la vigne sera peu productive et que les ceps ne vieilliront pas beaucoup sans perdre de leur vigueur, laquelle diminuera tous les ans sensiblement, peu de temps après la plantation, parce que les racines ne peuvent pénétrer dans un sous sol où l'eau ne peut s'infiltrer.

Mais lorsque le sous-sol présente un roc entrecoupé de fissures, quoique dur, des rochers détachés de diverses grosseurs, ou un mélange de terre et de galets, il est alors perméable à l'eau, et les racines des ceps pouvant s'y enfoncer, la vigne peut y être longtemps vigoureuse et productive.

Il y a des vignes dont la valeur peut être portée jusqu'à 16,000 francs l'hectare; mais les vignes de cette valeur sont rares. Nous n'entendons pas parler des vignobles qui donnent une qualité de vin supérieure, tels que certains crûs de Bordeaux, de Bourgogne, de Champagne, etc. On concevra aisément que les valeurs doivent y être plus considérables en raison de la qualité des vins.

Il y a beaucoup de localités où la valeur des meilleures vignes ne dépasse pas 3,000 francs l'hectare; il y en a de tellement mauvaises que leur valeur atteint à peine le chiffre de 800 fr.

### *Evaluation des châtaigneraies.*

Les châtaigneraies sont encore une nature de culture

dont l'évaluation peut souvent être erronnée, si l'expert s'en rapporte aux seules apparences.

Les plus beaux châtaigniers ne sont pas toujours les plus productifs. Il faut bien s'assurer s'ils sont greffés, ce qui est, en général, assez facile à reconnaître pour celui qui en a tant soit peu l'habitude. On les reconnaît presque toujours à la cicatrice annulaire formée à la jonction de la greffe avec le sujet; cette cicatrice se trouve toujours au-dessous de la fourchure, excepté pour les châtaigniers qui ont été greffés vieux, parce qu'on les a étêtés au-dessus de leur fourchure et qu'on n'a greffé que les nouvelles pousses qui ont dû donner divers fourchons.

Parmi les arbres greffés, il faut encore distinguer les diverses espèces qui donnent des qualités et des quantités bien différentes de châtaignes ; mais cette connaissance ne peut s'acquérir que par une longue expérience.

L'exposition entre aussi pour beaucoup dans la valeur des châtaigneraies. Dans les pays où le climat est rigoureux, elles ne sont productives que dans les lieux abrités. Dans les pays chauds, au contraire, les meilleurs sont à l'aspect du nord ; le vent du midi leur est excessivement contraire.

Les feuilles de châtaigniers étant très propres à faire des terreaux dans les basses-cours des exploitations rurales, les cultivateurs les ramassent avec beaucoup de soin. Il faut donc considérer aussi ce produit dans l'évaluation des châtaigneraies où les feuilles se trouvent le plus à l'abri des grands vents. Depuis le grand froid de 1830 cette nature de culture a beaucoup perdu de sa valeur.

Le département de l'Aveyron est un de ceux qui produisent le plus de châtaignes, cependant la valeur des meilleures châtaigneraies ne dépasse guère 2,000 fr. l'hectare. Celles qui se trouvent de ce nombre sont même très

La valeur des moyennes est de 500 à 600 francs l'hectare. Il y en a beaucoup dont la valeur ne dépasse pas 200 francs.

## *Evaluation des bois.*

On doit distinguer d'abord, dans l'évaluation des bois, les diverses essences qui les constituent, telles que le chêne, le sapin, le hêtre, le pin, le bouleau, le tremble, etc.

Outre les diverses essences, il y a à distinguer les taillis et les futaies.

Les taillis sont des bois qui ne servent généralement que pour le chauffage, excepté les taillis de châtaigniers dont on fait du merrain et des cerceaux pour les futailles. On les coupe périodiquement à divers intervalles plus ou moins longs, selon le degré de végétation.

Les futaies sont les bois qu'on laisse pousser au-delà de quarante ans pour servir à la construction.

Il y a des bois composés d'un mélange de plusieurs essences ; nous les appellerons des *bois mixtes.*

Dans l'évaluation des taillis, il faut examiner s'ils sont suffisamment garnis de souches, si les pousses sont vigoureuses ou chétives, s'ils sont situés près des villes ou des villages, si les chemins qui y aboutissent en rendent le transport facile ou difficile. Il faut s'assurer de combien d'années se compose la période d'une coupe à l'autre, s'informer de la valeur du stère de bois sur place ou au marché le plus voisin. Sur le prix du marché il faut faire la déduction des frais du transport, et dans l'un et l'autre cas déduire toujours les frais d'abattage. Une fois qu'on connaît le prix d'un stère, qu'on a fait la déduction des frais, et qu'on connaît la période d'années d'une coupe à l'autre, il n'y a plus qu'à calculer le nombre de stères qu'il peut y avoir sur un are d'étendue ou sur un hectare, à multiplier le prix connu par ce nombre de stères, et à diviser le produit par le nombre d'années dont se compose la période. Le quotient exprimera le produit de l'année moyenne. De ce produit il faut retrancher la contribution foncière et capitaliser le reste sur le taux de 3 p. 0/0 pour avoir la valeur du bois.

Nous ferons observer ici que cette valeur, ainsi obtenue, est celle d'un taillis dont l'âge du bois a atteint tout juste la moitié du nombre d'années qu'il lui faut pour être coupé. En conséquence, si l'âge du bois se trouve au-dessous ou au-dessus de cette moitié, il faut ajouter à cette valeur ou en retrancher autant de fois le produit de l'année moyenne qu'il y a des années à courir pour arriver à la dite moitié ou qui la dépassent.

Faisons-nous mieux comprendre par un exemple : Supposons un bois taillis que l'on coupe tous les vingt ans, produisant, par hectare, 300 stères à chaque coupe; le prix du stère, sur place, vaut 2 fr. 50 c.; à déduire pour les frais de la coupe 50 c.; reste, pour le prix du stère, 2 fr., ce qui fait revenir les 300 stères à 600 fr. Divisant ce produit par 20, nous aurons 30 pour quotient; retranchant 4 francs pour la contribution, il reste net, pour le produit du bois, 26 fr.; capitalisant cette somme sur le taux de 3 p. 0/0, = 860 fr. Cette valeur est celle du bois à l'âge de dix ans, parce que, à cet âge, il y a compensation de la non jouissance des années qui viennent de s'écouler. Si l'âge du bois n'était que de six ans, il y aurait quatre ans à courir pour arriver à la moitié de l'âge de la coupe; ce sont donc quatre années de non jouissance de plus, et qu'il faut retrancher de la valeur du bois, c'est-à-dire dans l'hypothèse actuelle, quatre fois 26 francs, ou

104 francs, qu'il faut retrancher de 860 fr. Si l'âge de la coupe était, au contraire, de quatorze, il faudrait ajouter à la valeur de 860 francs la somme de 104 francs, valeur de quatre fois le produit de l'année moyenne. Et, enfin, si l'on se trouvait à la dernière année, il faudrait ajouter la valeur de la moitié de la coupe toutes déductions opérées.

Pour l'évaluation des futaies, il y a aussi à considérer les positions plus ou moins rapprochées ou éloignées des villes; si les transports en sont faciles ou difficiles; s'ils sont assis sur un bon fonds; si les arbres sont gros, élevés et droits; s'ils sont rapprochés les uns des autres; s'il y a des espaces vides ou des clairières; si le bois se repeuple assez de lui-même. Il faut, autant que possible, compter le nombre d'arbres qui croissent sur l'étendue d'un hectare. Pour cela, il suffira de compter sur une étendue de quatre ou cinq ares pourvu que le restant soit également garni. Supposons dix arbres par are, ce qui fait 1000 arbres par hectare. Si un arbre vaut 6 francs sur place à soixante ans, on pourra en couper seize tous les ans de cet âge, si nous supposons que le bois se repeuple de lui-même; ce qui donne un revenu de 96 francs; déduisons 16 francs pour l'impôt, il reste un revenu net de 80 francs, ce qui représente une valeur de 2660 francs.

Il y a des futaies que l'on exploite de la manière que nous venons de le dire; mais il y en a d'autres qu'on laisse longues années sans couper aucun arbre, en sorte que leur valeur se trouve principalement dans les arbres qui se trouvent en état d'être coupés et vendus avantageusement. Dans ce cas il faut estimer la valeur de tous les arbres et ajouter à cette valeur la moitié de la valeur du sol obtenu par le moyen indiqué ci-dessus; cette moitié, d'après l'hypothèse précédente, serait de 1330 francs; l'autre moitié reste pour composer la non jouissance pendant tout le temps de la croissance des arbres, en supposant qu'on rase le bois, et, dans ce cas, si la valeur de tous les arbres est de 6000 francs, l'hectare de bois doit valoir 7330.

A des conditions égales les futaies de sapin sont celles qui ont le plus de valeur; viennent ensuite celles de chêne. Les futais de pin valent moins que les précédentes, et celles de hêtre valent moins que celles de pin. Le bois de hêtre n'est guère bon pour la construction.

Les taillis de chêne sont, en général, les plus estimés : viennent ensuite ceux de hêtre qui est un excellent bois de chauffage, mais qui se consume plus vite que le chêne, ce qui le déprécie un peu. Les taillis de pin valent beaucoup moins. Nous ne connaissons pas de taillis de sapin.

La plus mauvaise essence de bois, c'est le bouleau, le tremble et l'aulne ou vergne; ce sont les bois qui ont le moins de valeur.

La valeur du bois présente de grandes différences, il y a des futaies qui valent 20,000 francs l'hectare et des bois futaies ou taillis ou mixtes qui ne valent pas plus de 300 francs.

Il est inutile de parler des bases de l'évaluation des bois mixtes; celles que nous avons déjà données pour l'évaluation des autres bois doivent suffire pour qu'un expert ne soit pas embarrassé sur cette évaluation.

### *Evaluation des pâturages.*

Les principaux pâturages se trouvent sur le terrain basaltique ou volcanique; tels sont les pâturages de Laguiole et d'Aubrac, dans l'Aveyron, et plusieurs montagnes du Cantal. Dans ces pays, on donne aux pâturages le nom de *montagnes* ; ainsi on dit la montagne d'un tel pour désigner un pâturage à vacherie qui lui appartient.

L'évaluation des montagnes est subordonnée à la qualité de l'herbage, aux sources d'eau qui s'y trouvent, soit pour l'arrosage, soit pour l'abreuvage des bestiaux, au nombre des bêtes à corne qu'on peut y faire paître pendant toute la belle saison, et à leur position atmosphérique.

En général, on ne peut nourrir sur les montagnes qu'un vache par hectare. On en distingue de deux sortes : les montagnes à lait et les montagnes à graisse ou à en grais.

Les montagnes à lait sont celles où l'on fait le fromage, appelé fromage du *Cantal* ou de *Laguiole*. Chacun de ces fromages pèse ordinairement de 80 livres à un quintal, rarement on y en fait de plus petits.

Les montagnes à graisse sont celles où on ne nourrit que des vaches pour les engraisser et qui ne donnênt point de lait.

En général, dans les pays à pâturages, la valeur de chaque montagne est connue, soit par la quantité de fromage qu'on y fait ordinairement, soit par le nombre de vaches qu'on peut y engraissser, soit par les prix de ferme.

Ainsi nous pensons que ces données sont les meilleures bases sur lesquelles l'expert puisse asseoir son estimation.

Comme ces sortes d'évaluations ne se font guère que dans la belle saison, l'expert pourra facilement vérifier si les renseignements qu'on lui aurait fournis, avant de se rendre sur le terrain, sont exacts. Il pourra, lui-même, compter le nombre de vaches qu'on engraisse sur la montagne, ou le nombre de vaches à lait qu'on y nourrit, et même la plupart de temps il trouvera au buron le nombre de fromages qu'on aura fait depuis que les vaches sont montées sur le pâturage; et connaissant le temps qui s'est écoulé depuis cette époque jusqu'au jour de la vérification et l'époque à laquelle les vaches descendent de la montagne, par une simple règle de proportion l'expert connaîtra la quantité de fromage qu'on pourra faire pendant toute la durée de la dépaissance.

En général, les vaches montent 20 le mai et descendent le 20 octobre. Il y a cependant des montagnes où elles montent un peu plus tôt et d'où elles descendent un peu plus tard; cela dépend de la position atmosphérique plus ou moins rigoureuse.

Les montagnes s'estiment généralement à raison de tant par hectare, ce qu'on appelle vulgairement *par tête*. Ainsi on dit une montagne de trente têtes, pour dire qu'une montagne peut nourrir trente vaches à lait et quinze veaux. Cette montagne contient généralement trente hectares. Quelquefois, sur une montagne pareille, on ne mettra que vingt-six vaches à lait et treize veaux (le nombre de veaux égale toujours la moitié du nombre de vaches); alors on complète le nombre de têtes au moyen de génisses d'un an, et on en met deux pour chaque tête; il y aurait donc sur cette montagne vingt-six vaches, treize veaux et huit génisses. On y nourrit de plus, avec le petit lait, autant de cochons qu'il y a de dixaines de vaches.

Dans une montagne ordinaire, chaque vache donne un quintal et demi de fromage, ce qui fait, pour trente vaches, 45 quintaux. Le prix ordinaire du fromage est de 40 francs par quintal, ce qui fait revenir les 45 quintaux à 1800 francs, ci........................ 1800 fr.

On y nourrit trois cochons qui donnent, au moins........................ 150

| | |
|---|---|
| De plus, quinze veaux, qui valent à la descente | 450 |
| On y fait trois quintaux de beurre qui valent | 120 |
| Total du produit brut | 2520 fr. |

Voici maintenant les déductions à faire :

| | |
|---|---|
| 1° Gage et nourriture du vacher | 300 fr. |
| 2° Gage et nourriture du premier berger | 250 |
| 3° Gage et nourriture du berger des veaux | 150 |
| 4° Dépense de cinq quintaux de sel | 100 |
| 5° Intérêt de la valeur des vaches | 150 |
| 6° Nourriture des vaches pendant l'hiver, à 30 fr. chaque | 900 |
| Total des déductions | 1850 fr. |
| Report du produit brut, trouvé plus haut | 2520 |
| De ce revenu il faut encore retrancher au moins un quart pour le bénéfice du fermier ou le salaire du régisseur, ou les casualités. 160 } Plus, pour contributions 60 } | 220 |
| Reste net, pour le propriétaire | 450 fr. |

Une montagne pareille vaudrait donc un prix de fermé de 15 francs par tête C'est, en effet, le prix de ferme des montagnes les plus communes. Il y en a qui ne s'afferment pas plus de 10 fr., d'autres qui s'afferment 30 fr. par tête ; les montagnes de qualité moyenne s'afferment à raison de 20 fr. par tête ou par hectare.

Généralement, on achète les montagnes sur le taux de 4 p. 0/0 ; la raison en est facile à trouver, c'est que cette nature de propriété ne procure aucun agrément, et n'est guère susceptible d'augmenter de valeur par les soins de la culture.

En conséquence, la valeur des montagnes varie depuis 250 fr. jusqu'à 750 ou 800 francs l'hectare.

Ce que nous aurions à dire sur l'évaluation des autres pâturages ordinaires devant se rapporter exactement à ce que nous avons dit, soit sur les diverses qualités des prés, soit sur celles des terres, nous n'entrerons pas ici dans d'autres détails. En général, il ne peut y avoir d'autres bases pour les évaluations des pâturages que de les comparer aux diverses qualités des prés auxquelles ils se rapportent.

Quant aux pâturages de bruyères ils ne valent généralement guère plus de 60 francs l'hectare.

## *Evaluations des chènevières.*

Les chènevières occupent, en général, le meilleur fonds dans chaque localité ; néanmoins, il est rare qu'elles aient autant de valeur que les meilleurs prés. On doit suivre dans cette évaluation les prix généralement adoptés en les augmentant ou diminuant suivant le degré de fertilité que l'expert doit reconnaître aux divers caractères que nous avons déjà signalés.

La valeur des chènevières varie depuis 4,000 francs jusqu'à 15 ou 16,000 francs l'hectare.

### *Evaluation des terrains plantés.*

On appelle terrains plantés les terres labourables complantées d'arbres fruitiers. Leur valeur dépend non-seulement des diverses récoltes que le terrain peut produire mais encore du produit des arbres. Ainsi la terre doit d'abord être évaluée eu égard à la récolte qu'elle peut donner, et ensuite eu égard au produit des arbres.

Le produit le plus certain que peuvent donner les arbres sont les feuilles du mûrier, dans le pays où on peut le cultiver. C'est celui qui a le plus de valeur. Les noyers sont beaucoup plus sujets à manquer dans leur produit. Les premiers bourgeons à fruit sont souvent enlevés par les dernières gelées du printemps ; c'est pourquoi les espèces tardives sont celles qui ont le plus de valeur. On sait que les pommiers ne produisent généralement que tous les deux ans.

Ce que nous avons déjà dit, relativement aux autres natures de culture, peut nous dispenser d'entrer ici dans de plus longs détails. Nous ne saurions d'ailleurs prescrire des limites pour les valeurs de ces sortes de terrain :

Dans la Provence, il y a des terrains plantés d'orangers qui valent jusqu'à 100,000 francs l'hectare.

Les oliviers donnent aussi une grande valeur aux terrains où ont les cultive.

## *Evaluation des maisons.*

Nous distinguons trois espèces de maisons : maisons d'exploitation rurale, maisons de ville et maisons de campagne.

La valeur des maisons peut dépendre de plusieurs considérations, dont les principales sont : leur utilité; le prix de ferme qu'on peut en retirer; l'agrément qu'elles peuvent procurer et leur solidité.

Dans l'évaluation des maisons d'exploitation rurales, il faut considérer si tous les différents corps de bâtiments qui les composent sont nécessaires ou s'il y en a quelques-uns d'inutiles. Ceux-ci ne doivent être estimés que pour la valeur des matériaux qu'ils renferment et du sol qu'ils occupent, sans aucun égard pour la main-d'œuvre. Ceux qui sont nécessaires doivent être estimés suivant la valeur des matériaux et la dépense à laquelle les diverses constructions ont donné lieu, si toutefois les bâtiments présentent toute la solidité désirable, et de plus suivant la valeur du sol qu'ils occupent.

En conséquence l'expert doit s'informer de ce que coûte, 1° le mètre cube de moëllon; 2° le mètre cube de pierre de taille; 3° le mètre cube de chaux; 4° le mètre cube de sable; 5° le mètre cube de bois de charpente; 6° le mètre carré de planchers; 7° le mètre carré de volige; 8° le mètre carré d'ardoise ou de tuile, suivant la nature de la couverture.

Lorsque l'expert est bien renseigné sur tous ces divers prix, il doit s'occuper du métré de la maçonnerie, de la charpente, de la menuiserie, et de la contenance des toits.

Il doit savoir qu'il entre environ un tiers de mètre cube de mortier au mètre cube de maçonnerie ordinaire, et un dixième seulement au mètre cube de maçonnerie en pierre de taille; qu'il entre dans la composition d'un mètre cube de mortier quatre-vingt-dix centimètres de mètre cube de sable et quarante-cinq centièmes de mètre cube de chaux éteinte.

Comme il pourrait paraître à quelques personnes que les deux quantités de sable et de chaux dont nous venons de parler, mêlées ensemble, devraient produire le volume d'un mètre trente-cinq centimètres cubes, nous ferons remarquer que trente-cinq centièmes de chaux se trouvent absorbés dans les vides que contiennent toutes les espèces de sables et qui sont aussi nombreux que les particules qui composent ces sables.

L'expert doit savoir encore qu'un maçon peut construire un mètre cube et demi de maçonnerie ordinaire par jour, et qu'un manœuvre doit suffire pour servir deux maçons; qu'un menuisier peut faire quatre mètres carrés de plancher ordinaire par jour; qu'il faut quatre journées de charpentier pour tailler, scier, assembler et placer un mètre cube de charpente ordinaire; qu'un menuisier peut poser à plat joint huit mètres carrés de volige par jour; que deux couvreurs, servis d'un manœuvre, peuvent couvrir en ardoise huit mètres carrés de toit par jour, smillage compris; et qu'enfin on peut compter six journées de tailleur de pierre ou de poseur pour tailler et poser un mètre cube de pierre de taille ordinaire.

Avec les données qui précèdent l'expert pourra aisément trouver la valeur d'une maison rurale, nouvellement, solidement et convenablement construite, il ne lui manquera que les données pour la valeur des fermetures et quelques autres accessoires de peu de valeur, qui peuvent se rencontrer dans les bâtiments et qui peuvent présenter beaucoup de variétés, soit dans les dimensions, soit dans les formes.

La valeur du sol doit se déterminer comparativement à la valeur du terrain le plus voisin.

Les maisons devant être évaluées dans l'état où elles se trouvent, l'expert doit estimer le degré de dépérissement et en faire la déduction convenable; par exemple des parties bien conservées, mais en moins bon état que si elles étaient neuves, doivent être évaluées un peu moins qu'elles ont coûté à construire.

Les parties de bâtiments qui se détériorent le plus, sont les escaliers et les planchers, ensuite les couverts. On voit beaucoup de bâtiments dont la maçonnerie est très solide, quoique les escaliers et les planchers soient dans un état de détérioration complète. On doit évaluer seulement les parties qui se trouvent en bon état.

Dans les villes où les bourgs d'un peu d'importance, la valeur des maisons dépend généralement du prix de ferme qu'on peut en retirer. Ainsi, pour évaluer une maison qui serait affermée à son taux, il faut, d'abord, déduire du prix de ferme l'impôt foncier, retrancher du restant un cinquième pour frais d'entretien ou de réparations, et pour le temps que la maison ou les parties de maison peuvent rester sans être affermées.

Ce qui reste après toutes ces déductions, doit être capitalisé sur le taux de 5 p. 0/0. Ce capital représentera la valeur de la maison, si elle présente toutes les garanties de solidité. Dans le cas contraire, il faudrait retrancher de cette valeur la somme présumée de la dépense qu'il y aurait à faire pour rendre la maison solide.

Exemple : supposons une maison dont le prix de ferme réel s'élève à 500 fr., et que l'impôt foncier se porte à 50 francs, retranchant cet impôt, le prix se trouve réduit à 450 francs; dont le cinquième est 90 francs, qu'il faut encore retrancher du prix de ferme, lequel se trouve ainsi réduit à 360 francs. Capitalisant cette somme sur le taux de 5 p. 0/0, nous aurons pour la valeur de la maison une somme de 7,200 francs ; mais, si pour rendre la maison solide, il fallait dépenser une somme de 1200 francs la valeur de la maison se réduirait à 6000 francs.

Nous conseillons de capitaliser le revenu net sur le taux de cinq pour cent, parce que ces sortes de propriétés tendent toujours à dépérir, soit par vices cachés de constructions, soit par vétusté, soit par incendie ; tandis que les biens-fonds ne sont sujets à aucun de ces inconvénients et qu'ils sont, au contraire, susceptibles d'augmentation de valeur.

Lorsqu'on veut évaluer une maison qui n'est pas affermée, il faut la comparer avec d'autres qui le soient; mais il arrive souvent, dans les petites villes ou dans les bourgs, qu'on ne peut trouver de baux à fermes qui puissent servir de base, soit parce que la maison à évaluer se trouve beaucoup plus grande ou beaucoup plus petite, soit parce qu'elle se trouve dans une position plus ou moins avantageuse que la maison dont on connaît le prix de ferme. D'autres fois il peut arriver qu'on ne trouve aucune maison affermée, dans ce cas il faut les comparer aux maisons qui ont été vendues le plus récemment, et dont on connaîtra le prix de vente. Dans tous les cas, l'expert pourra voir quelle serait la valeur de la maison par les moyens indiqués pour l'évaluation des maisons rurales, et il modifiera cette évaluation suivant qu'il jugera devoir le faire comparativement aux ventes ou aux baux.

En général, la valeur d'une maison de ville doit être peu subordonnée à la dépense qu'elle a coûté. On trouve des maisons qui ont coûté, à construire, le double de ce qu'elles valent, et d'autres, dont la construction n'a coûté que la moitié de leur valeur. Cela dépend, presque toujours, des positions plus ou moins avantageuses.

L'évaluation des maisons de campagne est celle qui présente le plus de difficulté, et celle qui est le plus dépendante de l'arbitraire. En effet, la plupart de ces maisons ne sont d'aucune utilité pour le propriétaire, qui ne saurait en retirer aucun revenu, et qui ne va les habiter que pendant quelques jours ou quelques mois, dans la belle saison. La valeur de ces maisons ne doit être basée que sur l'agrément qu'elle procure. Cet agrément est d'autant plus grand que la maison est commode, bien distribuée et agréablement située ; qu'elle possède les accessoires nécessaires aux vues de liberté, d'indépendance et de plaisir qui en ont suggéré l'idée de la construction, comme avenues, remises, jardins, parterres, bosquets, parcs, jets d'eau, réservoirs, etc. L'expert qui est appelé à faire de pareilles évaluations doit considérer la proximité des villes et les comparer, autant que possible, aux divers prix de ventes de ces sortes de propriétés. Nous ne connaissons pas de meilleure base pour cette évaluation. En général, ces maisons doivent être évaluées beaucoup moins qu'elles ont coûté à construire. Cette évaluation ne doit jamais être en dessous de la valeur réelle des matériaux qui la composent, et du sol que la maison occupe.

### *Evaluation des usines.*

Il n'est pas de nature de propriété qui présente plus de

diversité que les usines. C'est celle que l'expert est appelé le plus rarement à évaluer ; mais il faut dire aussi que c'est la propriété dont l'évaluation présente le plus de difficultés. Nous regrettons de ne pouvoir indiquer des bases certaines pour ce genre d'estimation. Une foule de considérations peuvent se présenter à l'expert. S'il s'agit d'un établissement naissant, on peut craindre le manque de succès, car il n'est pas rare de voir des entreprises de ce genre couronnées de peu de réussite. Lorsque le produit en est bien constaté, la difficulté est moins grande ; mais il faut toujours faire une large part aux frais d'entretien, aux intérêts des capitaux nécessaires aux approvisionnements et aux frais d'administration.

Ces sortes d'évaluations étant plutôt du ressort de l'ingénieur que de l'expert-géomètre, nous ne nous étendrons pas davantage sur ce sujet.

### *Evaluation d'un corps de domaine.*

Ces sortes d'évaluations peuvent se faire en suivant les mêmes bases que nous avons déjà indiquées pour les diverses natures de propriétés prises séparément ; mais cette manière de procéder, parcelle par parcelle, n'est pas celle que nous conseillerons d'employer, en général, sur un corps de domaine un peu considérable, et composé de diverses natures de culture. Ce serait procéder, peut-être, un peu trop rigoureusement, en ce sens que la grande propriété ne rapporte jamais proportionnellement autant que la petite.

Le mode que nous conseillerons d'adopter pour l'évaluation de ces sortes de propriétés, c'est d'en déterminer les divers produits qu'on peut en retirer année commune, de les évaluer d'après les mercuriales, comme nous l'avons indiqué page 192, de faire ensuite toutes les déductions légales, c'est-à-dire des frais de culture et de surveillance, des intérêts des capitaux nécessaires pour l'acquisition des semences, bestiaux, outils aratoires, mobilier, etc., et des contributions. Ces déductions opérées, il ne restera plus qu'à capitaliser le revenu net qui restera sur le taux de trois pour cent.

En général, on évalue à la moitié de tous les produits les déductions à faire pour l'exploitation de ces sortes de propriétés et, de plus, la moitié des contributions. C'est ordinairement à de pareilles conditions qu'on donne, dans beaucoup de localités, les domaines aux colons partiaires. C'est ce qu'on appelle donner un domaine à *demi-fruit*.

### *Valeur des biens-fonds avant* 1790.

Avant la grande révolution qui s'est opérée à cette époque, les biens-fonds se trouvaient grévés des droits seigneuriaux ou féodaux dont la suppression a plus que doublé leur valeur, indépendamment des améliorations qui peuvent être survenues depuis dans beaucoup de localités.

## *Du papier-monnaie.*

Il existe encore, et il peut exister longtemps des personnes dont les droits successifs, non encore liquidés, remontent à des époques assez reculées pour qu'il soit nécessaire de connaître la valeur du papier-monnaie émis en circulation depuis 1789 jusqu'à la fin de son cours. Nous croyons, en conséquence, nous rendre utile en donnant ici le tableau de la dépréciation que la valeur de ce papier a subie.

### **Cours des assignats depuis leur création jusqu'au 1er germinal an IV.**

POUR 100 LIVRES ASSIGNATS.

| 1789 | Fr. | 1790 | Fr. |
|---|---|---|---|
| Août et septembre, | 98 | Novembre, | 90 |
| Octobre, | 97 | Décembre, | 92 |
| Novembre, | 96 | 1791 | |
| Décembre, | 95 | Janvier et février, | 91 |
| 1790 | | Mars, | 90 |
| Janvier, | 95 | Avril, | 89 |
| Février, | 95 | Mai et juin, | 85 |
| Mars, avril et mai, | 94 | Juillet, | 87 |
| Juin et juillet, | 95 | Août, | 79 |
| Août, | 92 | Septembre, | 82 |
| Septembre et octobre, | 91 | Octobre, | 84 |

| 1791 | Fr. | 1793 | Fr. |
|---|---|---|---|
| Novembre, | 82 | Juillet, | 23 |
| Décembre, | 77 | Août, | 22 |
| 1792 | | Septembre, | 27 |
| Janvier, | 72 | Octobre, | 28 |
| Février, | 61 | Novembre, | 33 |
| Mars, | 59 | Décembre, | 48 |
| Avril, | 68 | 1796 | |
| Mai, | 58 | Janvier, | 40 |
| Juin, | 57 | Février, | 41 |
| Juillet et août, | 61 | Mars et avril, | 36 |
| Septembre, | 72 | Mai, | 34 |
| Octobre, | 71 | Juin, | 30 |
| Novembre, | 73 | Juillet, | 34 |
| Décembre, | 72 | Août, | 31 |
| 1793 | | Septembre et octobre, | 28 |
| Janvier, | 51 | Novembre, | 24 |
| Février, | 52 | Décembre, | 20 |
| Mars, | 51 | 1795 | |
| Avril, | 43 | Janvier, | 18 |
| Mai, | 52 | Février, | 17 |
| Juin, | 36 | Mars, 20 premiers jours, | 14 |

## AN III.

POUR 14 LIVRES NUMÉRAIRE.

| *Germinal.* | | *Germinal.* | | *Germinal.* | |
|---|---|---|---|---|---|
| J. | Liv. | J. | Liv. | J. | Liv. |
| 1 | 204 | 7 | 201 | 14 | 220 |
| 3 | 200 | 8 | 204 | 15 | 206 |
| 4 | 186 | 9 | 224 | 16 | 185 |
| 5 | 200 | 11 | 227 | 17 | 180 |
| 6 | 200 | 12 | 236 | 18 | 195 |

*Germinal.*

| J. | Liv. |
|---|---|
| 19 | 221 |
| 21 | 198 |
| 22 | 191 |
| 23 | 205 |
| 24 | 212 |
| 25 | 204 |
| 26 | 198 |
| 27 | 217 |
| 29 | 218 |

*Floréal.*

| J. | Liv. |
|---|---|
| 1 | 229 |
| 2 | 238 |
| 3 | 239 |
| 4 | 242 |
| 5 | 238 |
| 6 | 238 |
| 7 | 256 |
| 8 | 275 |
| 11 | 292 |
| 12 | 299 |
| 13 | 328 |
| 14 | 336 |
| 15 | 329 |
| 16 | 324 |
| 17 | 335 |
| 18 | 357 |
| 19 | 363 |
| 21 | 390 |
| 22 | 393 |
| 23 | 390 |
| 25 | 346 |
| 26 | 360 |
| 27 | 380 |
| 28 | 387 |
| 29 | 393 |

*Prairial.*

| J. | Liv. |
|---|---|
| 9 | 415 |
| 11 | 417 |
| 12 | 427 |
| 13 | 439 |
| 14 | 445 |
| 15 | 474 |
| 16 | 496 |
| 17 | 577 |
| 18 | 566 |
| 19 | 580 |
| 21 | 637 |
| 22 | 690 |
| 23 | 760 |
| 24 | 810 |
| 25 | 876 |
| 26 | 853 |
| 27 | 686 |
| 28 | 795 |
| 29 | 811 |
| 30 | 811 |

*Messidor.*

| J. | Liv. |
|---|---|
| 1 | 893 |
| 2 | 870 |
| 3 | 830 |
| 4 | 837 |
| 5 | 661 |
| 6 | 723 |
| 7 | 829 |
| 8 | 758 |
| 11 | 788 |
| 12 | 750 |
| 14 | 808 |
| 15 | 745 |
| 16 | 700 |
| 17 | 690 |
| 18 | 710 |
| 19 | 750 |
| 21 | 730 |
| 22 | 735 |
| 24 | 730 |
| 25 | 717 |
| 26 | 685 |
| 27 | 700 |
| 28 | 750 |
| 29 | 762 |

*Thermidor.*

| J. | Liv. |
|---|---|
| 1 | 755 |
| 2 | 775 |
| 3 | 796 |
| 5 | 787 |
| 6 | 820 |
| 7 | 836 |
| 8 | 827 |
| 9 | 823 |
| 13 | 805 |
| 14 | 807 |
| 15 | 803 |
| 16 | 804 |
| 17 | 782 |
| 18 | 784 |
| 19 | 790 |
| 21 | 804 |
| 22 | 787 |
| 23 | 805 |
| 24 | 821 |
| 25 | 828 |
| 26 | 835 |
| 27 | 830 |
| 28 | 832 |
| 29 | 850 |

*Fructidor.*

| J. | Liv. |
|---|---|
| 1 | 882 |
| 2 | 900 |
| 3 | 938 |
| 4 | 964 |

| *Fructidor.* | | *Fructidor.* | | *Fructidor.* | |
|---|---|---|---|---|---|
| J. | Liv. | J. | Liv. | J. | Liv. |
| 5 | 932 | 16 | 1082 | 27 | 1122 |
| 6 | 913 | 17 | 1122 | 28 | 1164 |
| 7 | 939 | 18 | 1117 | 29 | 1143 |
| 8 | 974 | 19 | 1110 | *Jours complément.* | |
| 9 | 976 | 21 | 1153 | 1 | 1169 |
| 11 | 1050 | 22 | 1177 | 2 | 1150 |
| 12 | 1059 | 23 | 1237 | 3 | 1135 |
| 13 | 1101 | 24 | 1201 | 4 | 1156 |
| 14 | 1021 | 25 | 1171 | 6 | 1193 |
| 15 | 1101 | 26 | 1113 | | |

—

## AN IV.

### POUR 14 LIVRES NUMÉRAIRE.

| *Vendémiaire.* | | *Vendémiaire.* | | *Brumaire.* | |
|---|---|---|---|---|---|
| J. | Liv. | J. | Liv. | 3 | 1832 |
| 1 | 1200 | 18 | 1235 | 4 | 1973 |
| 2 | 1165 | 19 | 1300 | 5 | 2376 |
| 3 | 1135 | 21 | 1380 | 6 | 2671 |
| 4 | 1140 | 22 | 1420 | 7 | 3287 |
| 5 | 1145 | 23 | 1560 | 8 | 3362 |
| 6 | 1180 | 24 | 1726 | 9 | 2580 |
| | 1200 | 25 | 1705 | 11 | 2588 |
| 8 | 1200 | 26 | 1691 | 12 | 2761 |
| 9 | 1205 | 27 | 1620 | 13 | 3125 |
| 11 | 1240 | 28 | 1696 | 14 | 3083 |
| 12 | 1240 | 29 | 1670 | 15 | 3039 |
| 15 | 1185 | *Brumaire.* | | 16 | 3080 |
| 16 | 1190 | 1 | 1685 | 17 | 3067 |
| 17 | 1180 | 2 | 1817 | 18 | 3222 |

*Brumaire.*

| J | Liv. |
|---|---|
| 19 | 3320 |
| 21 | 3212 |
| 22 | 3053 |
| 23 | 2818 |
| 24 | 3096 |
| 25 | 3110 |
| 26 | 3020 |
| 27 | 3045 |
| 28 | 3152 |
| 29 | 3305 |

*Frimaire.*

| J. | Liv. |
|---|---|
| 1 | 3395 |
| 2 | 3280 |
| 3 | 3238 |
| 4 | 3046 |
| 5 | 3083 |
| 6 | 3202 |
| 7 | 3358 |
| 8 | 3520 |
| 9 | 3430 |
| 11 | 3575 |
| 12 | 3764 |
| 13 | 4000 |
| 14 | 4059 |
| 15 | 4355 |
| 16 | 4890 |
| 17 | 5053 |
| 18 | 4960 |
| 19 | 4021 |
| 21 | 3283 |
| 22 | 3857 |
| 25 | 4216 |
| 26 | 4300 |
| 27 | 4900 |
| 28 | 5071 |
| 29 | 4975 |

*Nivôse.*

| J. | Liv. |
|---|---|
| 1 | 5525 |
| 3 | 5462 |
| 4 | 4666 |
| 5 | 5530 |
| 6 | 5850 |
| 7 | 5262 |
| 8 | 5225 |
| 9 | 4875 |
| 11 | 4658 |
| 12 | 4656 |
| 13 | 4375 |
| 14 | 4908 |
| 15 | 5745 |
| 16 | 5350 |
| 17 | 5491 |
| 18 | 5639 |
| 19 | 5595 |
| 21 | 5559 |
| 22 | 5266 |
| 23 | 4950 |
| 24 | 5200 |
| 25 | 5090 |
| 26 | 5214 |
| 27 | 5290 |
| 28 | 5388 |
| 29 | 5320 |

*Pluviôse.*

| J. | Liv. |
|---|---|
| 1 | 5320 |
| 2 | 5472 |
| 3 | 5204 |
| 4 | 5198 |
| 5 | 5337 |
| 6 | 5287 |
| 7 | 5263 |
| 8 | 5200 |
| 9 | 5291 |
| 11 | 5243 |
| 12 | 5337 |
| 13 | 5544 |
| 14 | 5480 |
| 15 | 5445 |
| 16 | 5496 |
| 17 | 5601 |
| 18 | 5603 |
| 19 | 5884 |
| 21 | 6025 |
| 22 | 6430 |
| 23 | 6143 |
| 24 | 6220 |
| 25 | 6487 |
| 26 | 6610 |
| 27 | 6804 |
| 28 | 6727 |
| 29 | 6450 |

*Ventôse.*

| J. | Liv. |
|---|---|
| 1 | 7011 |
| 2 | 7843 |
| 3 | 8137 |
| 4 | 7250 |
| 17 | 7200 |
| 19 | 6600 |

| *Ventôse.* | | *Ventôse.* | | |
|---|---|---|---|---|
| J. | Liv. | J. | Liv. | Les jours omis sont comme les précédents. |
| 21 | 6900 | 26 | 6704 | |
| 22 | 6850 | 27 | 6101 | |
| 23 | 6850 | | | |

NOTA. — Ces cours ont été établis : 1° depuis août 1789 à juin 1791, d'après des notes particulières ; 2° depuis juillet 1791 à décembre 1792, d'après les achats des numéraires fait par la Trésorerie ; 3° de janvier 1793 à février 1794, d'après les négociations de papier faites à la Trésorerie ; 4° depuis mars 1794 au 13 floréal an III, d'après des notes particulières ; 5° du 14 floréal an III au 21 vendémiaire an IV, d'après les cours donnés par des banquiers nommés par le Comité du salut public ; 6° du 22 vendémiaire an IV au 30 ventôse an IV, d'après les certificats fournis par les agents de change nommés à cet effet.

—

## Cours des promesses de mandats depuis le Ier germinal an IV, jusqu'au 5 nivôse an V.

POUR 100 LIVRES MANDATS.

| *Germinal.* AN IV. | | | | *Germinal.* AN IV. | | | |
|---|---|---|---|---|---|---|---|
| J. | L. | S. | D. | J. | L. | S. | D. |
| 1 | 17 | » | » | 5 | 17 | » | » |
| 2 | 17 | 10 | » | 6 | 18 | 10 | » |
| 3 | 18 | » | » | 7 | 17 | » | » |
| 4 | 18 | 5 | » | 8 | 17 | » | » |

*Germinal.*

AN IV.

| J. | L. | S. | D. |
|---|---|---|---|
| 9 | 17 | 10 | » |
| 11 | 16 | 15 | » |
| 12 | 17 | » | » |
| 13 | 18 | 10 | » |
| 14 | 16 | » | » |
| 15 | 15 | 10 | » |
| 16 | 21 | 10 | » |
| 17 | 20 | 17 | 6 |
| 18 | 20 | » | » |
| 19 | 20 | 2 | 6 |
| 21 | 19 | 5 | « |
| 22 | 18 | » | » |
| 23 | 18 | 10 | » |
| 24 | 20 | » | » |
| 25 | 20 | » | » |
| 26 | 19 | 15 | » |
| 27 | 18 | 2 | » |
| 28 | 17 | 7 | 6 |
| 29 | 16 | » | » |
| *Floréal.* | | | |
| 1 | 16 | » | » |
| 2 | 15 | 10 | » |
| 3 | 15 | » | » |
| 4 | 15 | » | » |
| 5 | 14 | 10 | » |
| 6 | 14 | 10 | » |
| 7 | 14 | 15 | » |
| 8 | 14 | 5 | » |
| 9 | 13 | 10 | » |
| 10 | 12 | 1 | 3 |
| 11 | 12 | 1 | 3 |
| 12 | 12 | » | » |
| 13 | 12 | » | » |
| 14 | 12 | » | » |
| 15 | 13 | 10 | » |
| 16 | 13 | » | » |
| 17 | 13 | 10 | » |

*Floréal.*

AN IV.

| J. | L. | S. | D. |
|---|---|---|---|
| 18 | 12 | 15 | » |
| 21 | 12 | 10 | » |
| 23 | 12 | 5 | » |
| 24 | 12 | 2 | 6 |
| 25 | 12 | » | » |
| 27 | 12 | 1 | 3 |
| 28 | 12 | » | » |
| *Prairial.* | | | |
| 1 | 12 | 1 | 3 |
| 3 | 12 | » | » |
| 4 | 10 | 5 | » |
| 5 | 10 | 2 | » |
| 6 | 8 | 16 | 3 |
| 7 | 7 | 10 | » |
| 8 | 7 | » | » |
| 9 | 7 | 2 | 6 |
| 11 | 7 | 1 | 3 |
| 12 | 7 | 2 | 6 |
| 13 | 6 | 16 | 3 |
| 14 | 6 | 15 | » |
| 15 | 5 | » | » |
| 16 | 3 | 17 | 6 |
| 17 | 4 | » | » |
| 18 | 4 | 12 | 6 |
| 19 | 5 | 7 | 6 |
| 20 | 5 | 7 | 6 |
| 21 | 6 | 10 | » |
| 22 | 7 | 18 | 9 |
| 23 | 8 | 17 | 6 |
| 24 | 8 | 10 | » |
| 25 | 9 | 15 | » |
| 26 | 8 | 17 | 6 |
| 27 | 8 | 10 | » |
| 28 | 8 | 2 | 9 |
| 29 | 8 | 5 | » |
| *Messidor.* | | | |
| 1 | 7 | 17 | 6 |

*Messidor.*

AN IV.

| J. | L. | S. | D. |
|---|---|---|---|
| 2 | 7 | 15 | » |
| 3 | 7 | 10 | » |
| 4 | 6 | 15 | » |
| 5 | 6 | 10 | » |
| 6 | 6 | 1 | 3 |
| 7 | 6 | 7 | 6 |
| 8 | 7 | 5 | » |
| 9 | 7 | 12 | 6 |
| 11 | 7 | 5 | » |
| 12 | 7 | 10 | » |
| 13 | 7 | 5 | » |
| 14 | 6 | 18 | 9 |
| 15 | 7 | 5 | » |
| 16 | 7 | 5 | » |
| 17 | 7 | 7 | 6 |
| 18 | 7 | » | » |
| 19 | 6 | 18 | 9 |
| 21 | 6 | 17 | 6 |
| 22 | 6 | 11 | 3 |
| 23 | 6 | 16 | 3 |
| 25 | 6 | 10 | » |
| 26 | 5 | 18 | 9 |
| 27 | 5 | 11 | 3 |
| 28 | 5 | 7 | 6 |
| 29 | 5 | 2 | 6 |
| *Thermidor.* | | | |
| 1 | 5 | 1 | 3 |
| 2 | 4 | 15 | » |
| 3 | 4 | » | » |
| 5 | 4 | 10 | » |
| 6 | 5 | 5 | » |
| 7 | 4 | » | » |
| 8 | 3 | 12 | 6 |
| 11 | 3 | 10 | » |
| 12 | 3 | 6 | » |
| 13 | 3 | » | » |
| 14 | 2 | 4 | » |

*Thermidor.*

AN IV.

| J. | L. | S. | D. |
|---|---|---|---|
| 15 | 2 | 5 | » |
| 16 | 2 | 8 | » |
| 17 | 2 | 12 | » |
| 18 | 2 | 13 | » |
| 19 | 2 | 6 | » |
| 21 | 1 | 14 | » |
| 22 | 1 | 10 | » |
| 24 | 2 | 4 | 6 |
| 25 | 2 | 3 | » |
| 26 | 1 | 18 | 6 |
| 27 | 2 | 7 | » |
| 28 | 3 | 8 | » |
| 30 | 2 | 16 | » |
| *Fructidor.* | | | |
| 1 | 3 | 4 | » |
| 2 | 3 | 6 | » |
| 3 | 2 | 18 | » |
| 4 | 2 | 15 | » |
| 5 | 2 | 12 | » |
| 6 | 2 | 13 | » |
| 7 | 2 | 12 | » |
| 8 | 2 | 17 | » |
| 9 | 2 | 13 | » |
| 10 | 2 | 10 | » |
| 11 | 2 | 9 | » |
| 12 | 2 | 12 | » |
| 13 | 2 | 16 | 4 |
| 14 | 2 | 14 | 6 |
| 15 | 2 | 16 | » |
| 16 | 3 | 6 | » |
| 17 | 3 | 17 | 6 |
| 18 | 3 | 6 | » |
| 19 | 3 | 7 | » |
| 20 | 3 | 16 | » |
| 21 | 3 | 19 | » |
| 22 | 5 | 5 | 7 |
| 23 | 7 | » | » |

### *Fructidor.*

AN IV.

| J. | L. | S. | D. |
|---|---|---|---|
| 24 | 5 | 13 | 7 |
| 25 | 4 | 19 | 4 |
| 26 | 5 | 16 | 3 |
| 27 | 5 | 9 | 7 |
| 28 | 5 | 1 | » |
| 29 | 4 | 10 | » |
| 30 | 4 | 3 | » |

### *Jours complémentaires.*

| J. | L. | S. | D. |
|---|---|---|---|
| 1 | 4 | 18 | 6 |
| 2 | 4 | 17 | 7 |
| 3 | 4 | 18 | 4 |
| 4 | 5 | 19 | » |
| 5 | 4 | 15 | » |

### *Vendémiaire.*

AN V.

| J. | L. | S. | D. |
|---|---|---|---|
| 1 | 4 | 8 | » |
| 2 | 4 | 8 | 4 |
| 3 | 3 | 19 | » |
| 4 | 3 | 16 | 7 |
| 5 | 3 | 11 | » |
| 6 | 3 | 18 | 6 |
| 7 | 3 | 18 | » |
| 8 | 3 | 9 | 9 |
| 9 | 3 | 15 | 7 |
| 10 | 3 | 16 | » |
| 11 | 3 | 17 | 2 |
| 12 | 4 | 15 | » |
| 13 | 4 | 15 | 4 |
| 14 | 4 | 1 | 4 |
| 15 | 4 | 3 | 9 |
| 16 | 4 | 2 | 9 |
| 17 | 3 | 18 | 1 |
| 18 | 4 | 3 | 7 |
| 19 | 4 | 5 | 8 |
| 20 | 4 | 1 | » |
| 21 | 3 | 19 | 7 |
| 22 | 4 | 1 | 2 |

### *Vendémiaire.*

AN V.

| J. | L. | S. | D. |
|---|---|---|---|
| 23 | 4 | 3 | 5 |
| 24 | 4 | 5 | 4 |
| 25 | 4 | 2 | » |
| 27 | 4 | 4 | 7 |
| 28 | 4 | 4 | 8 |
| 29 | 4 | 3 | » |
| 30 | 4 | 2 | 6 |

### *Brumaire.*

| J. | L. | S. | D. |
|---|---|---|---|
| 1 | 4 | 3 | 8 |
| 2 | 4 | 5 | 6 |
| 3 | 4 | 5 | » |
| 4 | 4 | 5 | 3 |
| 5 | 4 | 10 | 6 |
| 6 | 4 | 8 | 10 |
| 7 | 4 | 4 | 8 |
| 8 | 4 | 2 | 6 |
| 9 | 4 | 4 | 6 |
| 10 | 4 | 1 | 10 |
| 11 | 4 | 4 | 10 |
| 12 | 4 | 3 | 10 |
| 13 | 4 | 5 | 4 |
| 14 | 4 | 6 | 8 |
| 15 | 4 | 7 | 2 |
| 16 | 4 | 6 | » |
| 17 | 4 | 6 | 8 |
| 18 | 4 | 6 | 10 |
| 19 | 4 | » | 4 |
| 20 | 3 | 14 | » |
| 21 | 3 | 10 | 8 |
| 22 | 3 | 9 | 10 |
| 23 | 2 | 18 | 7 |
| 24 | 2 | 17 | 4 |
| 25 | 2 | 17 | 10 |
| 26 | 2 | 17 | 7 |
| 27 | 3 | 4 | 1 |
| 28 | 3 | 5 | » |
| 29 | 3 | 4 | » |

*Brumaire.*

AN V.

| J. | L. | S. | D. |
|---|---|---|---|
| 30 | 3 | 1 | » |
| *Frimaire.* | | | |
| 1 | 2 | 17 | 6 |
| 2 | 2 | 16 | » |
| 3 | 2 | 15 | 9 |
| 4 | 2 | 11 | 1 |
| 5 | 2 | 7 | 6 |
| 6 | 2 | 8 | 11 |
| 7 | 2 | 10 | 2 |
| 8 | 2 | 13 | 8 |
| 9 | 2 | 12 | 9 |
| 11 | 2 | 14 | 8 |
| 12 | 2 | 17 | 6 |
| 13 | 3 | 4 | 6 |
| 14 | 2 | 17 | 3 |
| 15 | 2 | 12 | 6 |
| 16 | 2 | 14 | 6 |

*Frimaire.*

AN V.

| J. | L. | S | D. |
|---|---|---|---|
| 17 | 2 | 11 | 9 |
| 18 | 2 | 10 | 5 |
| 20 | 2 | 11 | 10 |
| 22 | 2 | 11 | 1 |
| 23 | 2 | 10 | » |
| 24 | 2 | 8 | 11 |
| 25 | 2 | 7 | » |
| 26 | 2 | 8 | 2 |
| 27 | 2 | 10 | 2 |
| 29 | 2 | 8 | 9 |
| *Nivôse.* | | | |
| 1 | 2 | 7 | 3 |
| 2 | 1 | 5 | 10 |
| 3 | 2 | 3 | 5 |
| 4 | 2 | 3 | 2 |
| 5 | 2 | 2 | 3 |

Nota. — Ces cours ont été établis : 1° depuis le 1er germinal au 1er thermidor an IV, d'après des notes particulières; 2° du 1er thermidor an IV au 5 nivôse an V, d'après les certificats de l'agence des négociations de la Trésorerie.

Les cours des jours omis sont les mêmes que ceux des jours précédents.

FIN.

# TABLE
## DES MATIÈRES.

FIN.



Rodez, Imprimerie de N. Ratery, rue Neuve.

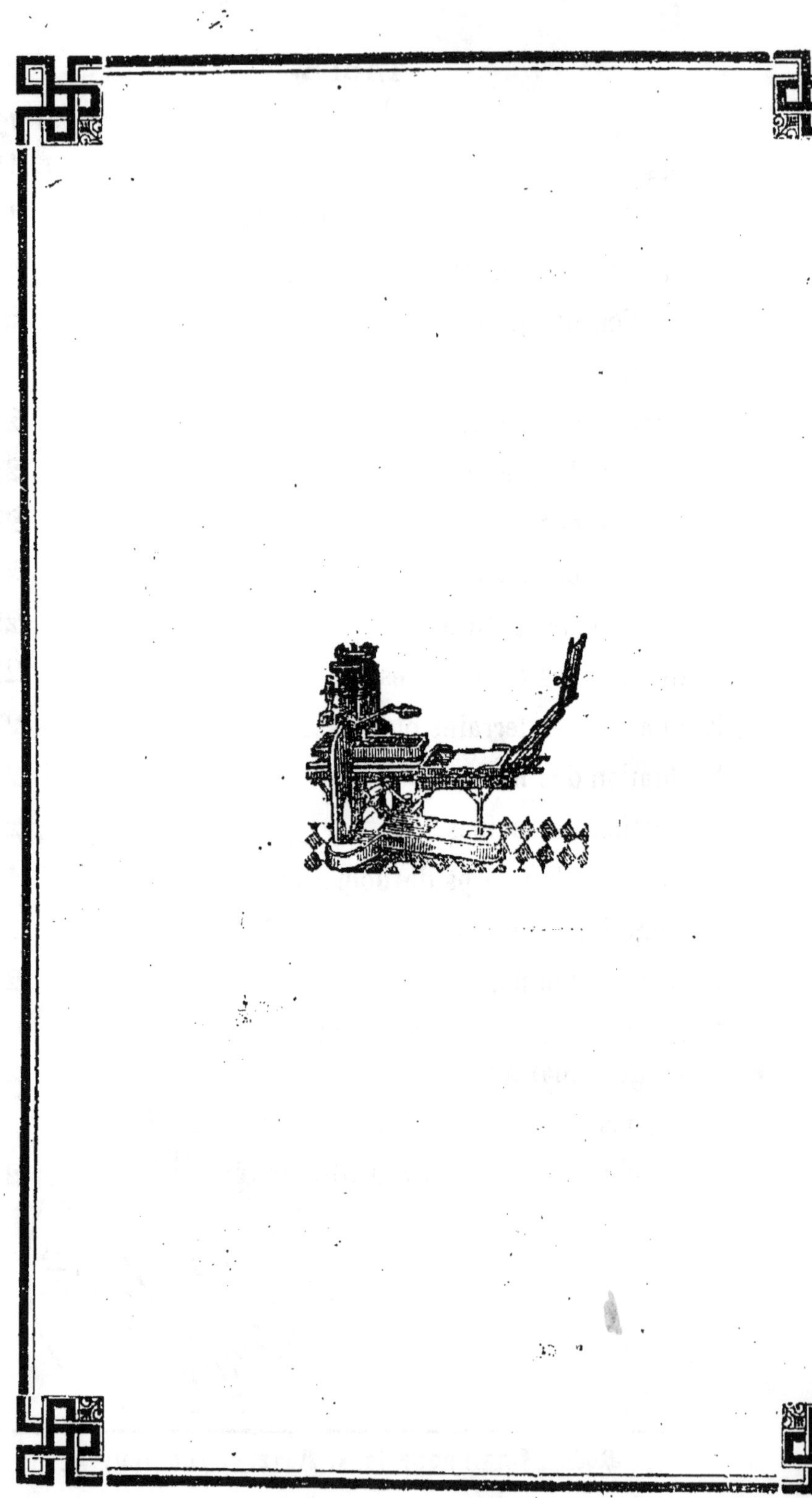

www.ingramcontent.com/pod-product-compliance
Lightning Source LLC
Chambersburg PA
CBHW071633200326
41519CB00012BA/2277

* 9 7 8 2 0 1 1 2 9 4 1 5 9 *